JUTTA DEISS

LEICHTATHLETIK EM'94

Fotos von SVEN SIMON

COPRESS SPORT

Lektorat: Robert Fischer, Sonja Mildt

Produktion & Layout:
VerlagsService Dr. Helmut Neuberger
& Karl Schaumann GmbH

Umschlaggestaltung: Uwe Richter
Titelfoto: SVEN SIMON

Alle Abbildungen von SVEN SIMON
Bildredaktion: Günter R. Müller
Bilddokumentation: Maria Blasczczok,
Eleonore Heimann, Monika Kalb

Die Deutsche Bibliothek – CIP-Einheitsaufnahme
European Athletics Championships <16, 1994, Helsinki>:
Leichtathletik-EM '94 : [offizielle Dokumentation des Deutschen Leichtathletik-Verbandes] / Jutta Deiss. Fotos von Sven Simon. – München : Copress-Verl., 1994
ISBN 3-7679-0444-6
NE: Deutscher Leichtathletik-Verband; Deiss, Jutta: Leichtathletik-EM '94, Simon, Sven: Leichtathletik-EM '94; HST

Gesamtherstellung: Bruckmann, München
Druck: Gerber + Bruckmann, München
Printed in Germany
ISBN 3-7679-0444-6

Inhalt

Canon
SLOVAKIA
SEIKO

Eine EM voller Überraschungen

Finnland, wie alle skandinavischen Länder an eine große Leichtathletik-Tradition anknüpfend, war für alle Leichtathletik-Freunde erneut ein großes Erlebnis und bot Athletinnen und Athleten aus insgesamt 48 Mitgliedsorganisationen der Europäischen Athletics Association (EAA) ein hervorragendes Ambiente für ihre Wettkämpfe, für gegenseitige Begegnung und kulturelle Verständigung. Helsinki war ein hervorragender Gastgeber für diese Europameisterschaften der Leichtathleten.
Durch die politischen Veränderungen in Osteuropa war das Teilnehmerfeld bunter und die Zahl der teilnehmenden Nationen sowie der Aktiven höher als noch in Split 1990. 48 Länder entsandten 1994 ihre Delegationen nach Helsinki, 33 europäische Nationen waren es 1990 gewesen, deren Aktive an den Europameisterschaften von Split teilnahmen.
In der Geschichte europäischer Meisterschaften stellen die Titelkämpfe 1994 eine besondere Zäsur dar. Erstmals und ganz im Gegensatz zu manchem kontinentalen Leichtathletik-Meeting litten sie nicht unter dem Zwang, Rekordmeisterschaften sein zu müssen. Ein immer breiter werdender Konsens förderte die nahezu ausnahmslose Zustimmung zu einem neuen Weg in der internationalen Leichtathletik, bei dem die Chancengleichheit der Aktiven im Zentrum steht. Dank immer intensiver werdender Trainingskontrollen ist die Gefahr des Doping-Mißbrauchs in den letzten Jahren gesunken, das Leistungsniveau hat sich auf einer neuen Ebene stabilisiert. Die wahren Freunde der Sportart Leichtathletik haben dieses Leistungsniveau akzeptieren gelernt, da es Wohlergehen und Zukunft unserer Aktiven schützen sowie den Fortbestand der Leichtathletik garantieren hilft.

Der entschiedene Antidopingkampf, dem sich immer mehr Verbände anschließen, kam der Sportart zugute. Die Leichtathletik konnte ihr Ansehen erneuern und ihre Zukunft neu definieren. Das Leistungsbild bei diesen Europameisterschaften entsprach dabei den Erwartungen. Sportpolitisch wird es nun darauf ankommen, die entscheidenden Weichenstellungen im Hinblick auf die Weltleichtathletik vorzunehmen.
Aus deutscher Sicht brachte Helsinki eine Fortsetzung der guten sportlichen Ansätze bei den Halleneuropameisterschaften in Paris, beim Europacup in Birmingham und den Deutschen Meisterschaften in Erfurt. Sowohl die Zahl der erzielten Medaillen als auch die der Endkampfplazierungen und persönlichen Bestleistungen rechtfertigen die nach Helsinki entsandte große Mannschaft. Viele jüngere Athleten konnten im Hinblick auf die Realisierung zukünftiger Ziele mit der Teilnahme an den Europameisterschaften gefördert werden. U-18-Länderkampfteilnehmern wurde die Teilnahme an den Europameisterschaften ermöglicht. Die große Mehrheit unserer Athletinnen und Athleten hat das Vertrauen des Verbandes gerechtfertigt, hat ein harmonisches Team gebildet und im Wettkampf ihr Bestes gegeben.
Helsinki – dies macht die vorliegende Dokumentation deutlich – war für Leichtathletik-Freunde ein Top-Ereignis, bei dem viele Weltklasse-Athletinnen und -Athleten am Start waren. Unter ihnen Heike Drechsler, Dieter Baumann, Linford Christie oder Trine Hattestad, die sich allesamt einmal mehr im sportlichen Wettkampf gegen ihre Herausforderer durchsetzen konnten und Gold gewannen. Wenngleich hinter diesen großen Namen momentan Lücken in der europäischen Leistungsspitze zu entstehen scheinen, werden neue Athletinnen und Athleten heranwachsen, die diese zu schließen vermögen. In wenigen Jahren werden wir uns an neue klangvolle Namen gewöhnt haben, zu denen die eines Mike Fenner, eines Claude Edorh oder einer Silke Gast zählen könnten.
Eine gelungene Nachwuchsarbeit ist die Voraussetzung dafür, daß sich Europa auch in der Weltleichtathletik behauptet. Der Erfolg des DLV-Hürdenteams, bei diesen Europameisterschaften letztmals unter Leitung des neuen hauptamtlichen

DLV-Leistungssportchefs Frank Hensel am Start, deutet einen Weg für erfolgreiche Nachwuchsarbeit an.
Glück und Pech liegen im Bereich der sportlichen Höchstleistung stets dicht beieinander. Denken wir also bei der Betrachtung der vorliegenden Publikation auch an jene Top-Athleten, die bei diesen Euro-

pameisterschaften nicht vom Glück begleitet waren oder bereits im Vorfeld verletzungsbedingt ihre Teilnahme absagen mußten. Zu ihnen zählten ein Marc MacKoy ebenso wie eine Birgit Clarius, ein Steffen Brand, ein Ralf Jaros wie ein Kim Bauermeister oder ein Lars Riedel.

Neben jenen unangenehmen Überraschungen gab es eine Reihe sehr positiver sportlicher Erfolge, die in dieser Form nicht erwartet werden konnten. Aus deutscher Sicht ist hier vor allem der Gewinn der Goldmedaille durch ein vor Freude unbändiges DLV-4×100-m-Quartett der Frauen zu erwähnen.

Europameisterschaften sind nach wie vor für die überwiegende Mehrheit der Athletinnen und Athleten prägende Ereignisse des Miteinanders im partnerschaftlichen Gegeneinander des Sports. Auch wenn die Professionalisierung der Leichtathletik manchen Athleten und manche Athletin zum erfolgreichen Jungunternehmer machte, so sind Begegnungen mit Gleichgesinnten für diese jungen Menschen nicht minder bedeutsam und lehrreich als für die große Mehrheit jener, die den Sport und die Leichtathletik nicht als ihren Beruf bezeichnen. Nicht allein die Wettkampfstätte, das traditionsreiche Olympiastadion in Helsinki, sondern auch das Athletendorf in Otaniemi bot zahlreiche Anlässe für Aktive und Betreuer, über den nationalen Tellerrand hinauszublicken, Freundschaften zu schließen oder aufzufrischen, gemeinsam zu trainieren oder sich auszutauschen.

Die Zuschauerresonanz bei diesen Europameisterschaften in Helsinki erschien vielen Beobachtern, gemessen an den Weltmeisterschaften in Stuttgart, sowohl was die Anzahl der Besucher als auch was deren Engagement auf den Rängen anbelangt, eher enttäuschend.

Doch das Stuttgarter Ausnahme-Ereignis sollte fortan nicht allen Veranstaltungen als Maßstab dienen müssen. Zu unterschiedlich sind die Mentalitäten und nationalen Eigenarten der Menschen, zu wenig planbar auch die Dramaturgie der Wettkämpfe, die den Funken im Stadion überspringen läßt.

Auch das finnische Publikum zeigte herzliche Gastfreundschaft gegenüber den Aktiven, auch die finnischen Zuschauer erwiesen sich als äußerst sachkundig und leichtathletikbegeistert. Die Gestaltung von Leichtathletik-Meetings, die mit den großen internationalen Titelkämpfen konkurrieren, weist den Weg in die nähere Zukunft, in der europäische Titelkämpfe möglicherweise zeitlich sehr viel gestraffter durchgeführt werden müssen.

Für die deutsche und die europäische Leichtathletik war Helsinki ein Prüfstein auf dem Weg zu einer Leichtathletik des Fair-Play. Allen, die dabei mitgeholfen haben, sei an dieser Stelle herzlich Dank gesagt.

Mein besonderer Dank gilt der Autorin und dem Fotografen des vorliegenden Bandes, die uns mit ihrer gelungenen Publikation helfen, die Eindrücke und Erlebnisse von Helsinki in unserer Erinnerung festzuhalten.

Der vorliegende Bildband möge darüber hinaus dazu beitragen, Schönheit und Wert der Sportart Leichtathletik im Bewußtsein all ihrer Freunde lebendig zu halten.

Prof. Dr. Helmut Digel
Präsident des Deutschen
Leichtathletik-Verbandes

EUROPEAN CHAMPIONSHIPS
AEA
IN ATHLETICS

Frauen: Kurzstrecken Staffeln

Der goldene Kuß: Irina Priwalowa (Rußland), Siegerin über 100 Meter, gratuliert der Drittplazierten Melanie Paschke aus Deutschland.

Die schnellste Frau Europas: Irina Priwalowa auf der Ziellinie des 100-Meter-Laufs, vor Shanna Tarnopolskaja aus der Ukraine und Melanie Paschke (ganz links).

olive
2
3

42,9 Sekunden bis zum Gold! Silke Lichtenhagen (links) schlägt im Spurt Irina Priwalowa und sichert damit der deutschen 4×100-Meter-Staffel die Goldmedaille.

BARCLAYCARD
RUS
HELSINKI '94

Ein fröhliches Quartett: Bettina Zipp, Silke Knoll, Silke Lichtenhagen und Melanie Paschke nach ihrem 4×100-Meter-Sieg (von links nach rechts).

adidas
BARCLAYCARD
GER
HELSINKI '94
adidas
BARCLAYCARD
GER
HELSINKI '94

Reebok
HELSINKI '94
adidas
2

»Golden Girls« bei der Siegerehrung: Mit neuer Jahres-Weltbestzeit besiegte das deutsche Damen-Kleeblatt die russischen (links) und die bulgarischen Staffelläuferinnen.

Neue Leitfigur einer sanften Revolution der Leichtathletik: Melanie Paschke (Bronze über 100 Meter).

Lieber heiß als Eis: Irina Priwalowa

Irina Priwalowa (Rußland), geboren am 22. November 1968 in Moskau. Maße: 1,73 m, 63 kg. Größte Erfolge: 1992 Olympia-Bronze, 1991 und 1993 WM-Vierte, 1991 und 1993 Europacup-Siegerin. Champion-Spruch: »Ich war Eiskunst- und danach Eisschnelläuferin, aber die Winter in Moskau sind sehr, sehr kalt. Deswegen wurde ich lieber Leichtathletin.«

Frauen: 100 Meter

Thronfolge: Melanie Paschke und die K.-und-K.-Monarchie

Die neue Sprint-Königin Irina Priwalowa huldigte auf der Ehrenrunde ihren Fans und verzieh den Finnen im Olympiastadion großmütig, daß die Lokalmatadorin Sanna Hernesniemi als Siebte vorausgeeilt und gefeiert worden war, als sei sie die Siegerin. Melanie Paschke saß wie in Stein gegossen auf der Kunststoffbahn hinter dem Ziel und starrte auf die Video-Wand, auf der das Finale wiederholt wurde, und sagte: »Ich sehe die Dinge gerne schwarz auf weiß.« Danach sah die Welt wirklich farbiger aus: Die Braunschweigerin gewann in 11,28 Sekunden die Bronzemedaille im 100-Meter-Endlauf hinter der Europarekordhalterin Irina Priwalowa aus Rußland (11,02) und der Ukrainerin Shanna Tarnopolskaja (11,10).

Mit dem Zieleinlauf dieser Entscheidung war eine neue Zeitrechnung im europäischen Frauen-Sprint angebrochen. Die 25jährige aus Moskau trat als Gewinnerin die Nachfolge von Katrin Krabbe als Europameisterin von Split 1990 an – und weil jene damals so ausschweifend gefeiert und danach in Ungnade gefallene Athletin eine Deutsche ist, rückte ganz automatisch deren Landsmännin Melanie Paschke auf besondere Weise in den Blickpunkt. Nun haben die Bronzemedaillengewinnerin der Neuzeit und die dreifache Europameisterin von damals nicht viel mehr gemeinsam als die Nationalität. Und dafür kann keine von beiden was. Allerdings war die nach verschiedenen Sportgerichtsverfahren im Zusammenhang mit Doping-Affären gesperrte Katrin Krabbe als Titelverteidigerin trotz Abwesenheit naturgemäß wieder in die Schlagzeilen gerückt, was Melanie Paschke äußerlich so unberührt ließ wie eine zu arg aufgeputzte Story über ein in China umgefallenes Fahrrad. »Ich habe«, sagte sie kaltlächelnd, »nicht mitgekriegt, daß über ›KK‹ in den letzten Tagen mehr geredet worden ist als über mich.« Sie sagt »KK«, genießt die Wirkung bei erstaunten Zuhörern und sagte dann nur zur Beruhigung: »Doch, doch ich krieg' den Namen schon über die Lippen.« Dabei muß man wissen, daß sie eine Abneigung hat gegen alles, was mit Schadstoffen zu tun hat. Erstens studiert sie Versorgungstechnik mit Spezialfach Recycling, und zweitens sagt sie: »Ich krieg' ja schon bei einem Aspirin Anfälle und denke: Was tu' ich meinem Körper damit an.«

Die Leitfigur der sanften Revolution

Das moderne Öko-Zeitalter hat die aus der Mode gekommene K.-und-K.-Monarchie abgelöst, und Melanie Paschke ist flugs in die Rolle der Leitfigur der sanften Revolution hineingeschlüpft. Weil sie es freilich nicht mag, wenn ihre Natur als klischierte Wertvorstellung gepriesen und als Image verkauft wird, sagt sie: »Was soll ich dagegen machen?« Nichts, denn einen guten Ruf zu haben, ist ja nicht das Schlimmste, was einem passieren kann. Melanie Paschke erfüllt schließlich sehr gern, was einen Wertewandel in der Leichtathletik positiv beeinflußt: Sie ist von erfrischender Offenheit, hat eine allergische Abneigung gegen chemische Leistungsförderung, ist so selbstbewußt, daß sie sich mit ihrem Trainer Christian Thomas über einige hundert Kilometer hinweg auf eine liberale Zusammenarbeit einigt. »Ich könnte es nicht haben, wenn einer dauernd mit der Stoppuhr neben mir stehen würde.« Dazu leistet sie sich nur jenen Hauch von Koketterie, der den Begriff Arroganz noch nicht streift und doch zum Star gehört – und sie ist sportlich erfolgreich. »Ich finde es schön«, sagt sie, »daß die Leute akzeptieren, daß man ›sauber‹ nicht so schnell sein kann und die Leistung dennoch Anerkennung findet.« Es ist eine Anerkennung ideeller und materieller Art – und so konnte Melanie Paschke getrost auch die Kosten-Nutzen-Rechnung nun neu kalkulieren: »Ich denke schon, daß die Medaille meinen Marktwert erhöhen wird.« Es ist schließlich nicht unanständig, die Unschuld als Amateurin (»Ich bin kein Profi«) zugunsten eines besser bestückten Bankkontos zu verlieren.

Weil Bronze gut, aber Gold besser ist, blickte die 24jährige Braunschweigerin ein wenig schräg nach oben zur Siegerin Irina Priwalowa – und versuchte, so sorgfältig wie möglich, den Menschen von der Sportlerin zu trennen. Die Russin ist ihr nämlich sehr sympathisch. Also sagt sie behutsam: »Ich würde es schon schön finden, wenn sie öfter kontrolliert werden würde, aber man kann ja trotzdem befreundet sein.« Nach der langen Wettkampfpause der 25jährigen Moskauerin und ihrem anschließenden Europarekordlauf (10,77 Sekunden) einige Wochen vor den Europameisterschaften waren Zweifel und Dopinggerüchte aufgetaucht. »Was soll ich machen?« sagte Melanie Paschke und zuckte ratlos mit den Schultern. »Ich kann doch schlecht zu ihr sagen: Dopst du? Oder: Dope doch nicht mehr…«

100 m Frauen

Finale am 8.8.1994

1. Irina Priwalowa (Rußland) 11,02
2. Shanna Tarnopolskaja (Ukraine) 11,10
3. Melanie Paschke (Braunschweig) 11,28

Frauen: 200 Meter

Prima, prima, Priwalowa

Über kurz oder lang war Irina Priwalowa die Schnellste, was durchaus wörtlich zu verstehen ist: Nach dem Sieg über 100 Meter gewann die Russin auch das Rennen über 200 Meter. Melanie Paschke hatte »nicht ganz so freiwillig« (Originalton) auf diesen Start verzichtet – der Regieanweisung der Trainer schweren Herzens gehorchend. »Das tut weh, vor allem, wenn man sich kleine Chancen auf eine zweite Medaille ausrechnet.« So nahm hinter Irina Priwalowa (22,32 Sekunden) und der wieder Silber gewinnenden Shanna Tarnopolskaja (Ukraine/22,77) diesmal die Russin Galina Maltschugina (22,90) den Bronze-Platz ein. Der Dortmunderin Silke Knoll fehlten als Vierter neun Hundertstelsekunden zum Sprung aufs Treppchen.

Man darf es vorwegnehmen: Irina Priwalowa wurde am Ende der Titelkämpfe mit zwei Goldmedaillen in Einzeldisziplinen als erfolgreichste Teilnehmerin der Europameisterschaften gefeiert. Beinahe schien es, als geniere sie sich ein bißchen: Fast schüchtern lief sie zur zweiten Ehrenrunde binnen weniger Tage los, ein bißchen ungelenk ins Publikum winkend. Es geht vielen so wie Melanie Paschke: Diese blonde Athletin ist ein Mensch zum Gernhaben. Ohne Allüren, ohne glamouröse Gesten, ohne stolze Distanz zu den Unterlegenen. Die eigene Geschichte hat sie Bescheidenheit gelehrt. Man kennt nur diese Fotos, wie sie mit strengen, herben Zügen und gewaltigen Muskeln dem Ziel entgegenjagt. Abseits der Laufbahn wirkt sie schmaler, weicher, sanfter. Ganz unkompliziert erzählt sie im Sprinttempo ihre Vergangenheit: »Mit achtzehn habe ich geheiratet, mit neunzehn bekam ich ein Baby, mit zwanzig wurde ich geschieden.« Jetzt, mit 25 Jahren, lebt sie mit einem neuen Partner, ihrem Trainer Wladimir Paraschuk, zusammen. »Wir sind nicht verheiratet, aber glücklich.«

Das Leben ist eben keine Gerade, und das der Journalistik-Studentin hat ganz besonders viele Kurven gemacht. Mit drei Jahren begann sie als Eiskunstläuferin zu trainieren, bis ein Trainer in der tanzenden

Das zweite Gold: Irina Priwalowa

Irina Priwalowa (Rußland), geboren am 22. November 1968 in Moskau. Maße: 1,73 m, 63 kg. Größte Erfolge – über 200 Meter: 1992 Olympia-Vierte, 1991 WM-Vierte, 1993 WM-Bronze.
Champion-Spruch: »Bitte verstehen Sie mich nicht falsch, aber es ist schwierig, ohne Gegnerinnen schnell zu laufen.«

Zweifache Europameisterin: Irina Priwalowa aus Rußland (100 und 200 Meter).

Eisprinzessin mehr Talent für den Schnelllauf erkannte. Mit acht Jahren wechselte sie zum Eisschnellauf. »Aber die Eisbahn war über zwei Stunden von der Wohnung entfernt, und außerdem sind die Winter in Moskau sehr, sehr kalt...« Also versuchte sie es auf der ganz nahen Leichtathletik-Bahn und war auch ohne Kufen schnell unterwegs.
Weder der Ruhm noch die Reize des kapitalistischen Westens können sie von zu Hause weglocken. Daheim ist ihr Sohn Aliosha (5), daheim ist Moskau. »Es ist meine Geburtsstadt und ich liebe Moskau.«

200 m Frauen

Finale am 11. 8. 1994

1. Irina Priwalowa (Rußland) 22,32
2. Shanna Tarnopolskaja (Ukraine) 22,77
3. Galina Maltschugina (Rußland) 22,90

Goldener Wechsel: Bettina Zipp (links) übergibt den 4×100-Meter-Staffelstab – »im optimalen Neigungswinkel« – an Silke Knoll.

Frauen: 4×100 Meter

Der tolle Auftritt der Golden Girls

Silke Lichtenhagen rannte auf der Zielgeraden noch unter Zeitdruck kerzengerade in die offenen Arme von Silke Knoll und Bettina Zipp. Von der anderen Seite trabte Melanie Paschke heran. Jene Beobachter, die um die mehr oder weniger guten Beziehungen des deutschen Staffelquartetts genauer Bescheid zu wissen glaubten, achteten aufmerksam darauf, ob jede auch jeder gratulierte. Die Fotografen mußten sich nicht sorgen: Eng umschlungen strahlten die vier Athletinnen in die Objektive. Wenn der Rhythmus auf der Laufbahn zum Gold führt, überhört man Dissonanzen leichter. Die deutsche Frauen-Sprintstaffel gewann den Europameistertitel über 4×100 Meter in 42,90 Sekunden vor den Mannschaften aus Rußland (42,96) und Bulgarien (43,00).
Melanie Paschke, als Solistin Bronzemedaillengewinnerin, eilte als Startläuferin gleich in die erste Position. Trotz eines wackeligen Stab-Wechsels von der Braunschweigerin auf Bettina Zipp (Schriesheim) ging das Holz der Deutschen auch als erstes an die dritte Frau. Silke Knoll (Dortmund) nahm die Kurve mit dem optimalen Neigungswinkel und überließ es Silke Lichtenhagen (Leverkusen), den Vorsprung gegen die schnellste Frau der Welt ins Ziel zu retten. Die 20jährige bediente sich im Duell mit der Doppel-Europameisterin Irina Priwalowa schlichter Ignoranz: »Ich habe einfach versucht, nicht an sie zu denken.« Sie wußte: »Irgendwann kommen die alle von hinten angeflogen.« Also trat sie die Flucht nach vorne an: »Augen zu und durch.«

Akkordarbeit mit goldenem Lohn

Es folgte ein Marathon durch die Medienlandschaft: Erst zum Rundfunk, dann für die ersten Analysen zu den schreibenden Berichterstattungen und später gleich weiter ins Aktuelle Sportstudio. Als die vier Golden Girls endlich im Auto Richtung Athletendorf fuhren, war es schon nach Mitternacht und die Party hatte noch nicht einmal begonnen. Sie ließen eine Flasche

Alles nur geträumt? Für die deutsche 4×100-Meter-Staffel erfüllte sich in Helsinki der Traum vom Gold.

Wein kreisen (»Eine für alle. Das war ein bißchen wenig«, meinte Bettina Zipp) – und dann fielen sie nach der Dusche müde in die Kissen. Bettina Zipp: »Wir waren alle noch so aufgewühlt. Man denkt immer: Hat man geträumt oder ist es wahr?« Als sie am folgenden Tag bei der Siegerehrung endlich die Medaillen überreicht bekamen, war der Traum eine Wirklichkeit, was nicht hieß, daß damit alle Traumdeutung beendet war. Tagelang waren Gerüchte um Mißstimmung zwischen Melanie Paschke und Silke Knoll kursiert und natürlich öffentlich dementiert worden. Als zickige, zankende Zimperlieschen wollten sie sich den Glanz des Goldes wirklich nicht verderben lassen. Bettina Zipp fand es »ganz normal, daß es immer mal zu Unstimmigkeiten kommt, wenn man länger auf engem Raum zusammen ist. Aber im großen und ganzen verstehen wir uns gut.« Silke Lichtenhagen setzte noch ein I-Pünktchen an Diplomatie drauf: »Wir haben alle sehr verschiedene Charaktere. Silke Knoll ist die älteste und hat sehr viel Erfahrung. Melanie ist zur Zeit die Erfolgreichste. Beide sind sie ausgeprägte Persönlichkeiten. Das geht nun einmal nicht ohne Reibereien ab.«
Merke: Reibung erzeugt nicht immer Wärme, verhindert aber auch nicht unbedingt den Erfolg. Bundestrainer Wolfgang Thiele muß sich gefühlt haben, als sei die Zeit stehengeblieben. An gleicher Stelle hatten 21 Jahre zuvor bei den letzten Europameisterschaften in Helsinki seine Schützlinge Elfgard Schittenhelm, Inge Helten, Annegret Richter und Ingrid Mickler-Becker ebenfalls den Titel gewonnen.

4×100 m Frauen

Finale am 13.8.1994

1. Deutschland (Paschke/Zipp/Knoll/Lichtenhagen) 42,90
2. Rußland (Anissimowa/Maltschugina/Trandenkowa/Priwalowa) 42,96
3. Bulgarien (D. Dimitrowa/Nunewa/S. Dimitrowa/Pendarewa) 43,00

Jubel-Marathon: Eng umschlungen strahlten die vier Athletinnen zum Auftakt ihrer »Medienrundreise« in die Objektive der Weltpresse und feierten schließlich bis spät in die Nacht.

Frauen: Mittelstrecken Langstrecken

Im Focus: Sonia O'Sullivan (Irland), nachdem sie über 3000 Meter die favorisierte Engländerin Yvonne Murray auf den zweiten Platz verwiesen hat.

BARCLAYCA
649
367

Zwei Medaillen für Ljudmilla: Gold über 1500 Meter und Bronze über 800 Meter gingen an Ljudmilla Rogatschowa aus Rußland.

Der undankbare vierte Platz: Die Berlinerin Kathrin Weßel hinter der späteren Siegerin über 10 000 Meter, Fernanda Ribeiro (Portugal).

adidas
BARCLAYCARD
574
6
adidas

BARCLAYCARD

So weit die Füße tragen: Start zum Marathon der Frauen.

Frauen: 800 Meter

Weinlese – oder: Je oller, je doller

Je oller, je doller: Ljubow Gurina hat Verständnis für den mit einem Augenzwinkern begleiteten Seitenblick auf ihr Geburtsjahr. »Bei mir ist's wie mit edlem Wein: je älter, desto besser.« Zehn Jahre lagen schon zwischen ihrer WM-Silbermedaille von Helsinki '83 und jener von Stuttgart '93. Erstmals trotzte sie nun der stürmenden Jugend einen Titel ab und schrieb sich als älteste Europameisterin ins Tagebuch von Helsinki ein. 37 Jahre war sie gerade alt geworden, als sie die 800 Meter gewann. Freilich mußte dafür die Jury ein Urteil fällen, denn die Uhr machte keinen Unterschied zwischen der Ersten und der Zweiten: Auf die Hundertstelsekunde genau in 1:58,55 Minuten überquerten die Russin und die um zehn Jahre jüngere Weißrussin Natalija Duchnowa die Zeitschranke. Die Kampfrichter lehnten den Einspruch der weißrussischen Delegation mit der Bitte, zweimal Gold zu vergeben, ab und setzten die Jüngere auf das Silbertablett. Bronze ging an die Olympia-Zweite Ljudmilla Rogatschowa (Rußland/1:58,69). Bemerkenswertes geschah vor dem Endlauf: Olympiasiegerin Ellen van Langen (Holland) blieb ebenso im Vorlauf hängen wie ihre hochgewettete Landsmännin Ester Goosens. Im Halbfinale kreuzten sich auf getrennten Wegen zwei Generationen im DLV: Christine Wachtel (29) aus Neubrandenburg, vielfach dekorierte Medaillengewinnerin, erlitt mit dem vorzeitigen Aus dasselbe Schicksal wie Kati Kovacs. Nur fuhr die 20jährige Berlinerin mit einer neuen persönlichen Bestzeit (2:03,54) im Gepäck nach Hause, während Christine Wachtel auf der Suche nach der persönlichen Rekordmarke (1:55,32) bis ins Jahr 1987 zurückdenken muß.

Vorzeitiges Aus: Christine Wachtel aus Neubrandenburg verabschiedete sich über die 800 Meter schon im Semifinale.

Reifer Jahrgang: Ljubow Gurina

Ljubow Gurina (Rußland), geboren am 6. August 1957 in Matuschkino. Maße: 1,67 m, 57 kg. Größte Erfolge: 1983 und 1993 Vize-Weltmeisterin, 1987 WM-Dritte, 1986 EM-Dritte, 1992 Olympia-Achte. Champion-Spruch: »Bei mir ist's wie mit edlem Wein: je älter, desto besser.«

Bummelzug: Ljudmilla Rogatschowa

Ljudmilla Rogatschowa (Rußland), geboren am 30. Oktober 1966 in Lad Balka Stawropol. Maße: 1,66 m. 57 kg. Größte Erfolge: 1992 Olympia-Silber, 1991 WM-Dritte, über 800 Meter 1994 EM-Dritte. Champion-Spruch: »Was für ein Rennen: Ich dachte am Anfang, wir sind Geherinnen, so langsam ging's vorwärts.«

800 m Frauen

Finale am 10.8.1994

1. Ljubow Gurina (Rußland) 1:58,55
2. Natalija Duchnowa (Weißrußland) 1:58,55
3. Ljudmilla Rogatschowa (Rußland) 1:58,69

Frauen: 1500 Meter

Goldene Taktik: Nur nicht hudeln

Der Begriff 1500-Meter-Rennen klingt wie eine Parodie auf das, was die Zuschauer in dieser Disziplin in Helsinki zu sehen bekamen. Unter dem Motto: »Nur nicht hudeln« bummelten die Läuferinnen Runde für Runde herunter – und Ljudmilla Rogatschowas Rezept ging auf: »Das war meine Taktik: Ich habe mich allein auf eine schnelle letzte Runde konzentriert.« Mit der Siegerzeit von 4:18,93 Minuten blieb die 27jährige Russin 16 Sekunden über ihrer Jahresbestzeit und freute sich als Europameisterin über die zweite Medaille nach Bronze über 800 Meter. Zweite wurde die Britin Kelly Holmes vor der Russin Jekaterina Podkopajewa. Der Laie staunt: Jekaterina Podkopajewa rannte mit ihren 42 Jahren im Vorfeld der EM eine Weltklassezeit nach der anderen. In Helsinki erklärte sie ihr vergleichsweise schwaches Abschneiden mit dem Mammutprogramm vorab: »Ich spürte die Rennen der letzten zwei Monate.« Der Vollständigkeit halber sei erwähnt, daß die Moskauerin 1990 wegen Dopings schon einmal gesperrt war. Der Fachmann wundert sich nicht.

Die Deutsche Meisterin Ellen Kießling durfte sich nicht über eine Medaille, aber über ihr Resultat freuen: Den Vorlauf absolvierte die Kölnerin mit 4:09,81 in deutscher Jahresbestzeit und wurde im Finale in 4:20,79 Minuten Achte.

1500 m Frauen

Finale am 14. 8. 1994

1. Ljudmilla Rogatschowa (Rußland) 4:18,93
2. Kelly Holmes (Großbritannien) 4:19,30
3. Jekaterina Podkopajewa (Rußland) 4:19,37

Frauen: 3000 Meter

Sonia O'Sullivan: Das China-Syndrom

Die irische Volksheldin Sonia O'Sullivan gewann das 3000-Meter-Rennen in Helsinki so deutlich, wie man es erwartet hatte. In 8:31,84 Minuten sicherte sich die 24jährige ihr erstes EM-Gold und überhaupt ihren ersten großen internationalen Titel vor der Britin Yvonne Murray (8:36,48) und der Rumänin Gabriela Szabo (8:40,08/persönliche Bestzeit). In London war sie zuvor Europarekord gelaufen und niemand zweifelte an ihrem Sieg in Helsinki. Das hat es nicht einfacher gemacht. Sonia O'Sullivan fühlte die Favoritenbürde: »Ich mußte dieses Rennen einfach gewinnen. Wenn nicht, hätte ich mir selbst keine Erklärung dafür liefern können.« Es ging um die allererste Goldmedaille für Irland bei einer Europameisterschaft – und für sie selbst ging es um das Ausblenden einer schmerzlichen Erinnerung an die Weltmeisterschaften ein Jahr zuvor in Stuttgart. Dieses Bild hat sich nicht nur bei ihr eingebrannt: Als Top-Kandidatin auf den Titel angetreten, surrten drei Chinesinnen wie aufgezogen vor ihr weg und schnappten alle drei Medaillen vom Treppchen. »Ich habe keine Ahnung, warum sie so gut sind«, sagte die eiserne Irin, »aber auf jeden Fall haben sie mir geholfen, schneller zu werden. Ich habe danach viel härter trainiert, und ich habe keine Angst mehr vor schnellen Rennen.«

3000 m Frauen

Finale am 10. 8. 1994

1. Sonia O'Sullivan (Irland) 8:31,84
2. Yvonne Murray (Großbritannien) 8:36,48
3. Gabriela Szabo (Rumänien) 8:40,08

Frauen: 10 000 Meter

Solo gegen Duo – und eine lachende Dritte

Schweißüberströmt, die nassen Haare unter einer Baseballmütze versteckt, stand Kathrin Wessel vor dem Waschkorb, in dem ihre trockenen Klamotten lagen, und fand keine Ruhe. Der Körper war noch aufgeladen wie ein Turbo-Motor und die Anspannung entlud sich abwechselnd in ratloser Enttäuschung und analytischer Erklärung. Vierte war sie geworden. Wieder Vierte wie bei den Olympischen Spielen 1988, wie bei den Weltmeisterschaften 1991. Die Berlinerin: »Langsam glaube ich, daß der vierte Platz an mir klebt.« Die 27jährige wußte genau, was in dem 10 000-Meter-Rennen nicht nach Plan gelaufen war – aber sie wußte auch, daß sie es nicht hatte ändern können und sie sich nichts vorzuwerfen hatte. Die beiden Portugiesinnen Fernanda Ribeiro und Conceicao Ferreira drehten an der Spitze ihr gemeinsames Ding und ließen in erfolgreicher Zusammenarbeit Kathrin Wessel als einsame Verfolgerin immer weit genug hinter sich. Sie wußten, daß sie allein nicht rankommen konnte. Und Kathrin Wessel fühlte die Gefahr im Nacken: »Es ist schrecklich, wenn man alleine läuft, und spürt, wie sich hinter einem das Feld aufbaut.« Dreieinhalb Runden vor dem Ziel schlossen die Schweizerin Daria Nauer und die Italienerin Maria Guida auf, aber die beiden Portugiesinnen waren zu weit weg. Wessel: »Dahinter ist jede für sich gelaufen.« So geht es schon gar nicht. Ribeiro und Ferreira hatten nur eines im Auge: »Unser einziges Ziel war, die deutsche Läuferin in Schach zu halten. Denn wir wußten, daß sie uns gefährlich werden konnte.«

Kein Entrinnen: Sonia O'Sullivan

Sonia O'Sullivan (Irland), geboren am 22. Dezember 1961 in Cobh. Maße: 1,73 m, 53 kg. Größte Erfolge: 1992 Olympia-Vierte, 1993 WM-Vierte, über 1500 m 1993 WM-Silber.
Champion-Spruch: »Ich mußte dieses Rennen gewinnen.«

Teamwork: Fernanda Ribeiro

Fernanda Ribeiro (Portugal), geboren am 23. Juni 1969. Maße: 1,61 m, 48 kg. Größte Erfolge: 1993 WM-Zehnte, über 3000 m Hallen-Europameisterin 1994.
Champion-Spruch: »Ich danke meiner Landsmännin Conceicao Ferreira für ihre Hilfe.«

BARCLAYCARD
RAITA SPORT
LUO URHEILUN PUITTEET

Frauen: Hürdenläufe

»Ab und zu braucht man ein bißchen Glück«: Svetla Dimitrowa aus Bulgarien ließ in Helsinki über 100 Meter Hürden auch die favorisierte Bulgarin Jordanka Donkowa hinter sich, die in ihrer Karriere bereits fünf Weltrekorde aufgestellt hat.

CARD

Ostfriesisches Wunder: Silvia Rieger (links), aus Hinte in Ostfriesland, gewann Silber über die 400 Meter Hürden der Frauen.

Frauen: 100 Meter Hürden

Donkowa: Ein paar Hürden zuviel...

Exklusivität hat ihren Preis. So auch im Halbfinale über 100 Meter Hürden der Frauen. Ein zweiter Schuß stoppte die Läuferinnen nach einem Fehlstart – aber Jordanka Donkowa rannte allein und unverdrossen dem Ziel entgegen. Ein paar Hürden zuviel kosteten sie später im Finale womöglich die wertvollste Zeit.
Fünf Weltrekorde stellte die Bulgarin Jordanka Donkowa in ihrer Karriere auf und den aktuellen hält sie seit 1988 noch immer. Es war das Jahr, in dem der mittlerweile 32jährigen mit dem Olympiasieg in Seoul der einzige große Titelgewinn gelang. Der dreijährige Sohn drückte seiner Mami bestimmt die Daumen, aber auch in Helsinki jagte die Athletin vergeblich dem Gold hinterher. Bronze war es am Ende: Obwohl sie zeitgleich mit der Russin Julia Graudyn (12,93) ins Ziel einlief, ging Silber an die Europacup-Siegerin. Europameisterin wurde Donkowas acht Jahre jüngere Landsmännin Svetla Dimitrowa (12,72). Die 24jährige, 1993 im Siebenkampf als Vierte knapp an einer WM-Medaille vorbeigeschrammt, strahlte stolz: »Ab und zu braucht man ein bißchen Glück, und das hatte ich heute. Eine Jordanka Donkowa zu schlagen ist für mich etwas Besonderes.«
Bei der Europameisterin waren allerdings auch schon einmal die Doping-Fahnder erfolgreich: Einer positiven Analyse nach ihrem dritten Siebenkampf-Rang beim Europacup 1989 folgte eine Sperre.
Überraschend nur Fünfte wurde die Russin Tatjana Reschetnikowa, die als Weltjahresbeste angereist war. Doch die 27jährige konnte sich wenigstens mit dem Titelgewinn von Radion Gataullin im Stabhochsprung trösten. Der nämlich ist ihr Ehemann – und so blieb doch einmal Gold in der Familie.
Die 30jährige Schweizerin Julie Baumann wurde in 13,10 Sekunden Sechste, nachdem sie im Vorlauf glänzende 12,91 Sekunden vorgelegt hatte. Die Deutsche Meisterin Kristin Patzwahl (Berlin) mußte nach dem Halbfinale ärgerlich die Sachen zusammenpacken: Um drei Hundertstelsekunden verpaßte die 29jährige den Endlauf.

Wertvolles Gold: Svetla Dimitrowa

Svetla Dimitrowa (Bulgarien), geboren am 27. Januar 1970 in Botevgrad. Maße: 1,72 m, 59 kg. Größte Erfolge: Im Siebenkampf 1992 Olympia-Fünfte und 1993 WM-Vierte. Champion-Spruch: »Was interessiert mich die Zeittabelle. Für mich zählt die Goldmedaille.«

100 m Hürden Frauen

Finale am 9.8.1994

1. Svetla Dimitrowa (Bulgarien) 12,72
2. Julia Graudyn (Rußland) 12,93
3. Jordanka Donkowa (Bulgarien) 12,93

Frauen: 400 m Hürden

Silvia Rieger: Von Hinte aus so weit nach vorne

Hoffentlich gibt es nicht wieder Verwicklungen, wenn in Ostfriesland die erfolgreichsten Sportler geehrt werden. Dort sind diese »Exemplare« nämlich rar. Die Vize-Europameisterin Silvia Rieger stammt aus Emden, aber ihr Verein TuS Eintracht Hinte gehört – obwohl nur wenige Kilometer entfernt – zum Landkreis Aurich. Sie lachte vergnügt, als sie sagte: »Ach, bei uns ist das alles ein bißchen anders. Hinte ist ein kleines Dorf, und es wollen halt alle, daß ich zu ihnen gehöre.« Verständlich, besonders seit dem 400-Meter-Hürden-Endlauf von Helsinki.
Die amtierende Olympiasiegerin, Weltmeisterin und Weltrekordhalterin Sally Gunnell gewann so souverän wie erwartet in 53,33 Sekunden ihren ersten EM-Titel, und ihr Vorsprung war über jeden Zweifel erhaben. Hinter ihrem Rücken aber spitzte sich auf den letzten Metern ein Endkampf zu, der den Blick von der Britin ablenkte. Wie ein Magnet zog die imaginäre Zeitschranke die drei fast gleichauf über die letzte Hürde gehenden Läuferinnen an. Sie machten die Körper lang, zogen die letzte Energie aus den Muskeln, um diesen entscheidenden Zentimeter Boden zu gewinnen. Wie Blitze schossen die Gedanken

Das letzte Hurra: Sally Gunnell

Sally Gunnell (Großbritannien), geboren am 29. Juli 1966 in Chigwell. Maße: 1,67 m, 56 kg. Größte Erfolge: 1992 Olympiasiegerin, 1993 Weltmeisterin, 1991 Vize-Weltmeisterin. Champion-Spruch: »Sicher habe ich heute meine letzte Europameisterschaft hinter mich gebracht. Ich habe es wirklich genossen: Ich denke, ich habe mit Stil gewonnen.«

400 m Hürden Frauen

Finale am 11.8.1994

1. Sally Gunnell (Großbritannien) 53,33
2. Silvia Rieger (Hinte) 54,68
3. Anna Knoroz (Rußland) 54,68

Sicher genommen: Silvia Rieger bei ihrem Silbermedaillen-Hürdenlauf.

durch Silvia Riegers Kopf: »Bloß nicht auf Brustbreite so ein Ding verlieren.«

Heike Meissner: Nur knapp an der Medaille vorbei

Silvia Rieger gewann Silber in neuer persönlicher Bestzeit (54,68 Sekunden) vor der auf die Hundertstelsekunde gleich gestoppten Russin Anna Knoroz und auch nur einen Wimpernschlag entfernt von ihrer Mannschaftskollegin Heike Meissner (54,79). Todunglücklich bekämpfte die Deutsche Meisterin aus Dresden die Tränen genauso energisch und mutig wie auf der Bahn die Hürden. Heike Meissner hat einen sehr guten vierten Platz belegt, die Analyse des Laufs wird ihr später die Einsicht diktiert haben, daß sie die Kraft für den erfolgreichen Endspurt vermutlich im sehr schnellen Anfang gelassen hatte.

»Ich freue mich für Silvia«, sagte die Traurige. »Es tut mir leid für Heike«, sagte die Fröhliche. Deren Weg von Hinte nach so weit vorne verdient eine genauere Betrachtung – weil er so »normal« ist. 22 Stunden in der Woche sitzt Silvia Rieger als Bankkauffrau am Schreibtisch der Sparkasse – und wenn wieder einmal ein Trainings-Lehrgang schon donnerstags beginnt, schüttelt sie den Kopf: »Es denkt gar niemand mehr darüber nach, daß es auch noch solche wie mich gibt. Ich muß dann freinehmen.« Oft genug plagt sie den Kollegen gegenüber das schlechte Gewissen – und umgekehrt fühlte sie sich als Amateurin unter Berufssportlern manchmal machtlos und dachte: »Die sind alle so professionell. Wie willst du dagegen angehen? Das schaffst du nie.«

Um so besser ist das Gefühl, es doch geschafft zu haben. Seit zehn Jahren ist der TuS in Hinte ihr Heimatverein. Der Trainer, der sie in die Weltelite geführt hatte, ist jener Lehrer, der sie an der Schule entdeckt hat: Hans-Albin Jacob. Silvia Rieger: »Ich fühle mich dort sehr wohl. Ich finde es wichtig, daß der Trainer, der einen groß macht, auch bis nach ganz oben mitgehen kann.« Auch im Winter trainiert Silvia Rieger im Freien. Jacob: »Es gibt keine Halle, wir empfinden das aber nicht als Nachteil.«

Die 23jährige ist, wohlgemerkt, nicht wie ein Silberstreif überraschend vom Himmel gefallen. Sie war zweimal Junioren-Europameisterin, gilt als Supertalent und fühlte schon den Druck wachsen. Rieger: »Ich mußte immer dem vorauseilenden Ruf nachlaufen.« EM-Silber ist nun ein guter Gegenwert für die Erwartungen. »Diese Medaille gibt mir Selbstbewußtsein.« Selbstbewußtsein auch dafür, nicht das Umfeld, aber die Bedingungen ein wenig zu verändern. Sie wagte es kaum zu sagen: »Aber es gibt sicher nicht viele Spitzenathleten, die wie ich Vereinsbeitrag bezahlen und keine Mark bekommen…«

Erwarteter Sieg: Die Engländerin Sally Gunnell auf dem Weg zu einem weiteren 400-Meter-Hürden-Titelgewinn.

Frauen: Sprungdisziplinen

Die lange Blonde mit den weiten Sprüngen: 7,14 Meter reichten der Olympiasiegerin, zweifachen Weltmeisterin und nun auch zweifachen Europameisterin Heike Drechsler in Helsinki zum Gold.

adidas

»Platt in den Oberschenkeln«: Fünfeinhalb Monate nach der Geburt ihres Sohnes Ravn gelang Heike Henkel ein Rekord ganz eigener Art . . .

. . . doch zum Sieg reichte
es dieses Mal nicht.
Allerdings gibt es für sie
seit dem 27. Februar 1994
noch etwas Wichtigeres
als Medaillen.

Freiflug zum Gold: Britta Bilac, gebürtige Thüringerin, heiratete im Jahr 1990 den Slowenen Borut Bilac und holte nun die erste Goldmedaille für ihr junges Land.

Deutsch-slowenischer Freudentanz: Britta Bilac, Hochsprung-Europameisterin des Jahres 1994.

Frauen: Hochsprung

Von Liebe, Lust und Leidenschaft

Wenn das kein Kompliment an die Kraft der Liebe ist: Die Weltrekordlerin Stefka Kostadinowa verzichtete leichten Herzens auf die EM-Teilnahme, weil sie sich auf ihr erstes Kind freute. Die Olympiasiegerin Heike Henkel zeigte in Helsinki große Lust auf hohe Sprünge und in der Niederlage die Gelassenheit einer berufstätigen Mutter, die den Rückschlag am Arbeitsplatz mit der Freude auf Söhnchen Ravn bestens verkraftete – und die neue Europameisterin Britta Bilac erzählte den aufmerksamen Zuhörern in der Siegepressekonferenz leidenschaftlich und strahlend von ihrem Erfolgsrezept für Höhenflüge: »Ich bin glücklich verheiratet, ich fühle mich wohl – und die Ehe tut gut und bringt Erfolg im Sport.«

Die 25jährige Gewinnerin des Hochsprung-Wettbewerbs sprang 2,00 Meter hoch und hüpfte in der Fragerunde danach fix zwischen drei Sprachen hin und her. Englisch für die Internationalen, Deutsch für jene aus der alten Heimat und Slowenisch für die neuen Landsleute. Britta Bilac, geborene Vörös, kommt aus Jena, ist aber im August 1991 nach Slowenien übergesiedelt und hat dort drei Monate später den Weitspringer Borut Bilac geheiratet, der übrigens 1990 bei den Europameisterschaften in Split Bronze gewonnen hat. Die große Blonde hat die slowenische Staatsbürgerschaft angenommen – und es ist ihr deutlich anzusehen, daß die neue Heimat sie herzlich willkommen geheißen hat. Zwei Herzen schlagen aber noch in ihrer Brust. Ob dies, fragte einer, denn nun eher eine deutsche oder eher eine slowenische Medaille sei. Sie entschied sich ganz diplomatisch für »halb und halb«.

Die Silbermedaille ging ganz und gar nach Rußland: Jelena Guljajewa wurde mit 1,96 Metern Zweite vor Nele Zilinskiene aus Litauen mit 1,93 Metern. Diese Höhe, die Bronze wert war, übersprang auch die Schwerinerin Heike Balck – nur belasteten die fünf Fehlversuche auf unterschiedlichen Höhen ihr EM-Zeugnis so sehr, daß sie – obwohl auf gleicher Höhe – in der Ergebnisliste nur Achte sein konnte.

Kraft durch Liebe: »Die Ehe tut gut und bringt Erfolg im Sport« (Britta Bilac).

Keine Bruchlandung: Schon allein die Teilnahme und Qualifikation der jungen Mutter Heike Henkel an der Europameisterschaft in Helsinki bedeutete einen Rekord.

Heike Henkel: ein Rekord im anderen Sinne

Daß das Gold für 2,00 Meter wegging überraschte selbst die Siegerin – und noch mehr staunte sie, daß »Heike Henkel so früh ausgeschieden ist«. Ein bißchen ungewohnt war's schon, die überragende Springerin der letzten Jahre so tief fliegen zu sehen: Ein Versuch über 1,85 gelang auf Anhieb, aber dann keiner mehr. »Platt in den Oberschenkeln« sei sie gewesen: »Meine Beine haben sich angefühlt wie nach zehn Sprüngen.« Ein bißchen habe die richtige Einstellung gefehlt, ein bißchen verkrampft sei sie gewesen, und die Routine im Anlauf habe gefehlt. Sie brauchte keine Entschuldigung und suchte natürlich trotzdem nach einer Erklärung. Allerdings hat die 29jährige Leverkusenerin den EM-Versuch keine Sekunde bereut. Heike Henkel: »Nach so einem Mißerfolg bin ich wieder richtig motiviert, eine Meisterschaft zu gewinnen.«

Vielleicht, meinte sie und dabei kräuselte sich die Nase so lustig wie immer, wenn sie kritisch mit sich umgeht, vielleicht sei sie ja »zu früh zufrieden« gewesen. Fünfeinhalb Monate nach der Geburt ihres Sohnes überhaupt die EM-Teilnahme gewagt und die Qualifikation für die Entscheidung geschafft zu haben, ist im übrigen ein Rekord, der zwar in keinen Listen verewigt wird, aber alle Achtung verdient. Und überhaupt wären andere Frauen schon froh, so kurz nach einer Geburt wieder so rank und schlank und auf straffen Beinen daherzukommen. Dabei hat Heike Henkel vor Ort die Herren Berichterstatter in eine ganze neue Perspektive gezwungen, als sie auf ihre unkomplizierte Art erzählte, wie sie als Athletin plötzlich keine stillende Mutter mehr sein konnte: »Es kam einfach keine Milch mehr. Das hatte mit dem Streß zu tun.« Aufmerksam und ernst notierten alle die sehr besonderen Probleme einer Hochleistungssport treibenden berufstätigen Mama. Als Väter kennen sie das ja – als Sportjournalisten ist ihnen dieses Thema freilich eher fremd.

Heike Henkel mag es nicht, wenn man von ihr das Musterbild der Karrierefrau zeichnet, die gleichzeitig liebende Hausfrau und Mutter ist. »Das ist mir alles zu überzogen.« Der Versuch, die Öffentlichkeit von der Normalität ihrer Situation zu überzeugen, ehrt sie – aber er wird sie nicht vor der Rolle der Außergewöhnlichen bewahren. Schon gar nicht, wenn sie wieder dorthin kommt, wo sie war und unbedingt wieder hin will: nach ganz oben.

Hochsprung Frauen

Finale am 14. 8. 1994

1. Britta Bilac (Slowenien) 2,00
2. Jelena Guljajewa (Rußland) 1,96
3. Nele Zilinskiene (Litauen) 1,93

Halb und halb: Britta Bilac

Britta Bilac (Slowenien), geboren am 4. Dezember 1968 in Jena. Maße: 1,81 m, 61 kg. Größte Erfolge: 1990 Hallen-EM-Zweite, 1993 WM-11. Champion-Spruch: »Das ist eine halbe slowenische und eine halbe deutsche Medaille.«

Nach elf Jahren erneut am »Tatort«: damals hieß sie Heike Daute – und wurde Weltmeisterin. Heute heißt sie Heike Drechsler – und wurde Europameisterin.

Frauen: Weitsprung

Heike Drechsler: Spuren im Sand

Statistiken sind in der Regel eher langweilige Lektüren. Aber wenn eine derart eindrucksvoll Erfolg widerspiegelt wie jene von Heike Drechsler, dann hat sie einen respektvollen Blick verdient. Makellos reihen sich die Titel aneinander: Europameisterin in Stuttgart 1986, in Split 1990 und nun in Helsinki 1994. Olympiasiegerin in Barcelona 1992. Weltmeisterin 1983 und 1993. Zusammen mit den in der Halle errungenen Siegen gewann die Weitspringerin aus Jena zehn internationale Titel neben einer weiteren kleinen Sammlung von silbernen und bronzenen Münzen.

Als die 29jährige in Helsinki ihr drittes EM-Gold aus der Grube gebuddelt hatte – elf Jahre nach ihrem damals völlig überraschenden WM-Sieg im gleichen Stadion –, ging sie eiligen Schrittes in Richtung Doping-Kontrolle und sagte knapp: »Was soll ich sagen? Gewonnen…«

Was hätte sie sagen sollen? Nach so vielen Jahren und so vielen Siegen und so vielen immer wieder gleichen Sprüngen können einem schon einmal die Worte ausgehen. Ist nicht alles schon tausendmal erzählt, alles schon tausendmal kommentiert, alles schon tausendmal wiedergekäut? Andere Themen hatten zuletzt mehr Schlagzeilen gemacht, als ihr lieb sein konnte. Da war die gerichtliche Auseinandersetzung mit der Doping-Fahnderin Brigitte Berendonk, danach die vorübergehende Überlegung, Deutschland zu verlassen, die nach den herzlichen Umarmungen des Stuttgarter WM-Publikums wieder ad acta gelegt wurde. Dann tauchten Vorwürfe gegen sie als »Inoffizielle Mitarbeiterin« des Staatssicherheitsdienstes der ehemaligen DDR auf, die sie nach Einblick in ihre Akten entkräften konnte. Und schließlich sorgte ihr bevorstehender Vereinswechsel vom TuS Jena zum LAC Chemnitz für Wirbel in Thüringen und für enttäuschte Kommentare. Es ist kein Wunder, daß Menschen, die die Öffentlichkeit zu gläsernen Figuren macht, zunehmend verstummen.

Selbst diese Sportart hinterläßt nicht nur Spuren im Sand: Manchmal leidet die lange Blonde mit den großen Sprüngen gewiß selbst unter der Monotonie der immer gleichen Methodik, in der sich gleichzeitig der Anspruch an den Sieg so zementiert, daß schließlich die spontane Freude darüber versickert. Man achtet darauf, ob sie verliert – und wenn sie gewinnt, dann hakt man es ab wie eine Rechnung, die ordnungsgemäß beglichen wurde. Fair ist das nicht, aber normal ist es doch. Erich Drechsler, Trainer und Schwiegervater der 29jährigen, sagte: »Ein Athlet, der immer nur siegen muß, will auch mal etwas tun, was Freude macht.« Deswegen übt sie im Training nicht nur Weitsprung, sondern bringt den Körper abwechslungsreich in verschiedenen Disziplinen auf Trab. Deswegen freute sie sich auch auf den Mehrkampf im südfranzösischen Talence im September – und deswegen blieb sie auch nach ihrem Wettbewerb bis zum Schluß in Helsinki. Erich Drechsler: »Heike braucht diese Atmosphäre. Sie ist gern in der Gruppe mit den anderen. Man muß ihr das gönnen.«

Silber für die stolze Inessa Krawets

7,14 Meter war ihre Siegweite von Helsinki, in den Sand gesetzt im allerersten Sprung. Es ist übrigens dieselbe Weite wie jene beim Olympiasieg in Barcelona. Die Ukrainerin Inessa Krawets, die im Dreisprung Bronze gewann, erntete mit 6,99 Meter Silber, und mit 6,90 Metern war die Italienerin Fiona May die Dritte auf dem

Ohne Worte: Heike Drechsler

Heike Drechsler (Deutschland), geboren am 16. Dezember 1964 in Gera. Maße: 1,81 m, 68 kg. Größte Erfolge: 1992 Olympiasiegerin, 1988 Olympia-Silber, 1983 und 1993 Weltmeisterin, 1986 und 1990 Europameisterin. Champion-Spruch: »Was soll ich sagen? Gewonnen…«

Weitsprung Frauen

Finale am 12.8.1994

1. Heike Drechsler (Jena) 7,14
2. Inessa Krawets (Ukraine) 6,99
3. Fiona May (Italien) 6,90

Treppchen. Stolz vermerkte Inessa Krawets, daß sie in Rieti, Zürich und Lille schon dreimal gegen Heike Drechsler gewonnen habe – der letzte Sieg war allerdings zwei Jahre alt –, Erich Drechslers Einschätzung ist gewiß richtig: »Die Konkurrentinnen richten sich gedanklich auf Platz zwei oder drei ein. Erst wenn es im Gerangel um diese Plätze durcheinandergeht, kommt es zu einem harten Kampf. Wenn Heike dann nicht weit genug weg ist, kommt auch sie ins Schleudern.«
So war es in Helsinki – und deswegen war die Siegerin auch über ihren ersten guten Versuch heilfroh. Denn danach gelang Heike Drechsler nur noch im vierten Versuch ein Sprung über die sieben Meter (7,06). »Von allen drei EM-Goldmedaillen war diese jetzt am schwersten zu gewinnen«, sagte sie.
Um so mehr hätte doch Anlaß bestanden, den Erfolg ausgelassen zu feiern. »Siegerparty?« Heike Drechsler winkte lächelnd ab: »Tut mir leid, aber wir haben keine Zeit dafür.« Die Sportfest-Tournee stand gleich nach der EM im Termin-Kalender. EM: gewonnen, zerronnen.
Als vorbildlicher Profi weiß sie, was sie ihrem Publikum schuldig ist: Strahlend verteilte sie Küßchen an die Zuschauer in dem Stadion, in dem sie elf Jahre zuvor als 18jährige Heike Daute ihren ersten großen (WM-)Titel gewonnen hatte, und winkte in die Kamera den vielen Fans zu, die sie als sympathische, siegessichere Athletin bewundern. Es waren Spuren des Glücks, die in den Katakomben schon verschwunden waren. Dort unten freute sich die Hürdenläuferin Silvia Rieger wie ein aufgeregtes Kind vor der Bescherung über ihre Silbermedaille, als Heike Drechsler vorbeihastete. Ein Gedanke streifte die Szene: Ob sich Heike Drechsler manchmal nach dem sprudelnden Gefühl sehnt, das nur bei überraschenden Erfolgen so leichtfertig dahertanzt? Darüber gibt die Statistik keine Auskunft.

Ein neues Gesicht: Fiona May aus Italien holte sich im Weitsprung der Frauen überraschend Bronze.

Frauen: Dreisprung

Ein Fall für die Fahnder

Noch während der Europameisterschaften wurden die Dopingfahnder in Helsinki in einem Fall fündig: Der Bulgarin Sofia Boschanowa, Weltjahresbeste mit 14,98 Metern und im Wettbewerb von Helsinki mit 14,58 Metern auf Rang vier gelandet, wurde nach positiver Analyse der A- und B-Probe die Einnahme des verbotenen Amphetamins Mesocarb nachgewiesen. Durch die nachträgliche Disqualifikation Boschanowas rückten alle Athletinnen, die hinter ihr plaziert waren, um einen Rang nach vorne. Die 23jährige Berlinerin Ramona Molzan – mit 13,82 Metern schließlich Siebte – war überraschend die beste DLV-Springerin, während die 32jährige Deutsche Meisterin Helga Radtke (Fürth) Tribut an ihre Beschwerden in der Oberschenkelmuskulatur zollen mußte und mit für sie mageren 13,77 Metern sogar den Endkampf verpaßt hatte. Im korrekten Endresultat nach Streichung Boschanowas ist sie Achte. Auf den Medaillenrängen änderte die »medizinische Korrektur« nichts: Erste Europameisterin in der jungen Disziplin Dreisprung wurde die Russin Anna Birjukowa mit 14,89 Metern vor ihrer Landsmännin Inna Lasowskaja (14,85) und der Ukrainerin Inessa Krawets (14,67). Die Welt- und neue Europameisterin ist übrigens überzeugt davon, daß sie mit drei Sprüngen eines Tages die 16-Meter-Marke wird überqueren können. Eine Frau mit Flügeln…

EM-Premiere: Anna Birjukowa

Anna Birjukowa (Rußland), geboren am 27. September 1967 in Swerdlowsk. Maße: 1,74 m, 58 kg. Größte Erfolge: 1993 Weltmeisterin. Champion-Spruch: »Ich bin furchtbar glücklich, daß ich die erste Europameisterin in dieser Disziplin bin.«

Dreisprung Frauen

Finale am 8.8.1994

1. Anna Birjukowa (Rußland) 14,89
2. Inna Lasowskaja (Rußland) 14,85
3. Inessa Krawets (Ukraine) 14,67

Immer weiter nach vorn: Die traditionelle Wintersportnation Norwegen erreicht auch in der Leichtathletik immer öfter Medaillenränge – wie hier Trine Hattestad (Gold im Speerwerfen).

Frauen: Wurfdisziplinen

Frauen: Siebenkampf

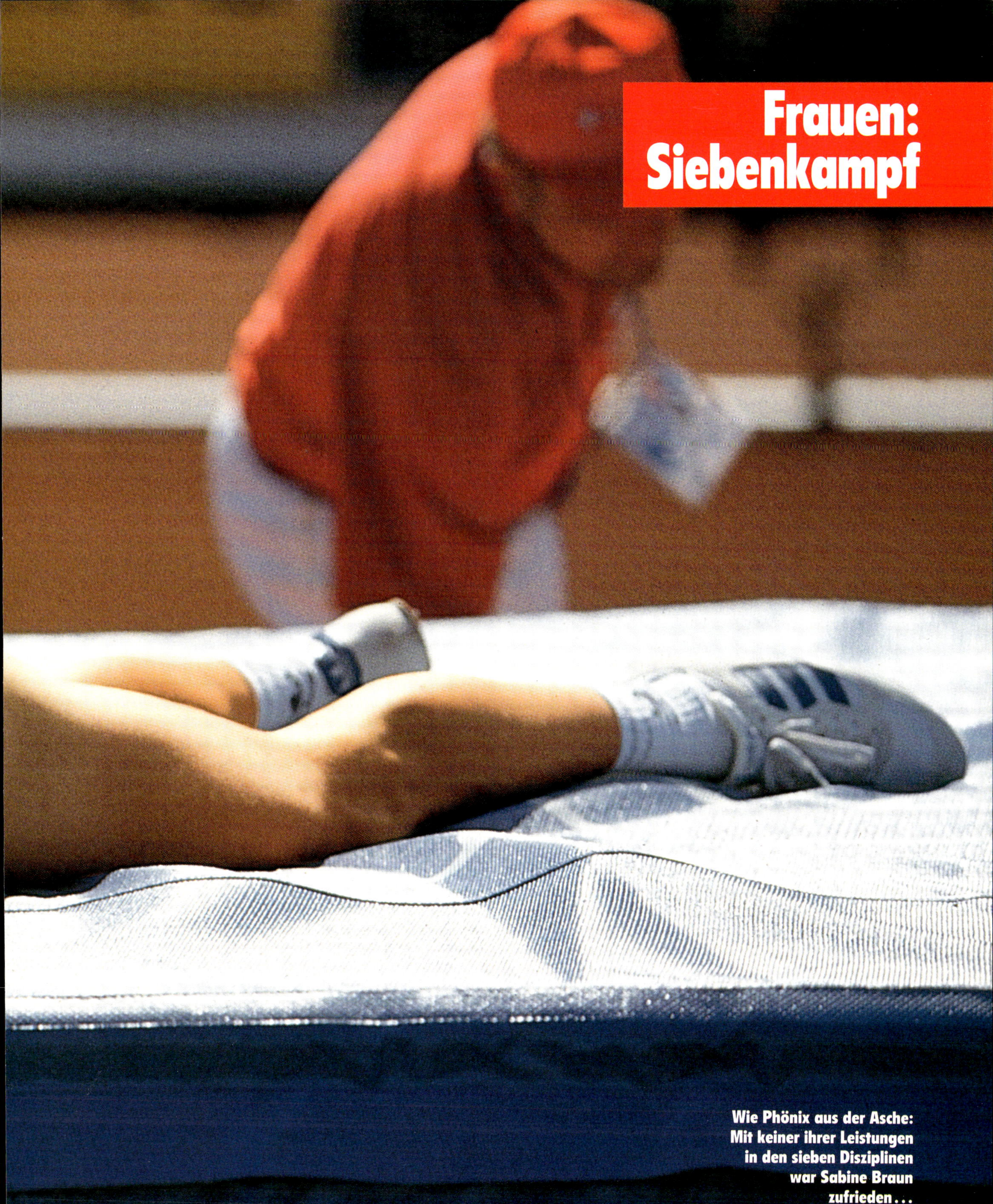

Wie Phönix aus der Asche: Mit keiner ihrer Leistungen in den sieben Disziplinen war Sabine Braun zufrieden . . .

...zwei Tage lang kämpfte die Wattenscheiderin gegen sich selbst und ihre Konkurrentinnen...

...erlitt Rückschläge und versagte in ihren besten Disziplinen, dem Weit- und Hochsprung. Doch Sabine Braun richtete sich immer wieder auf...

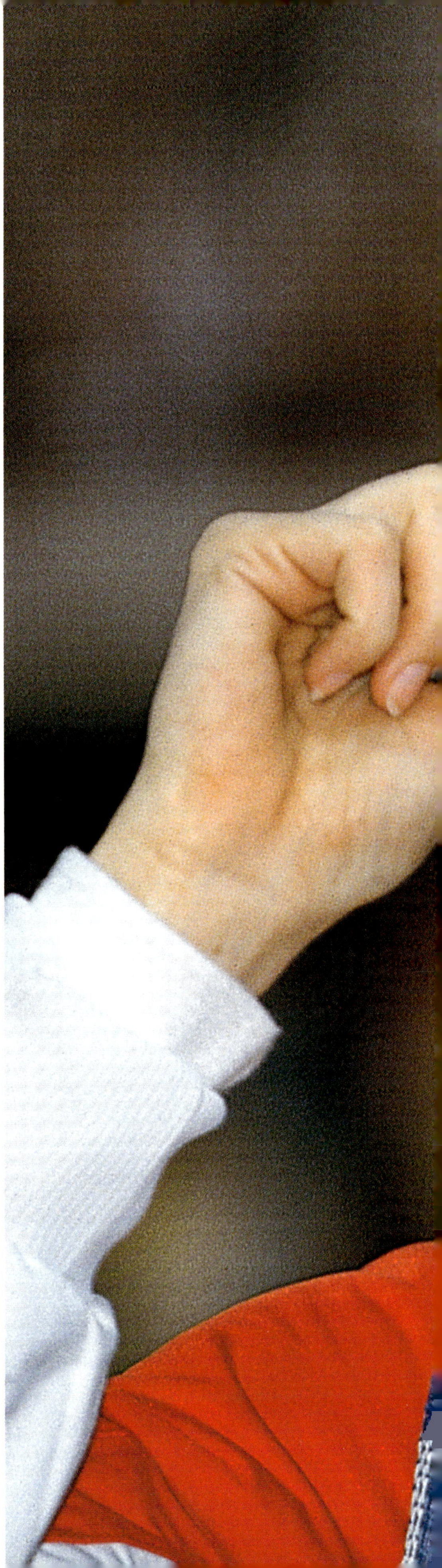

...und wurde am Ende verdient Europameisterin im Siebenkampf: Herzlichen Glückwunsch!

HELSINKI
1994

Frauen: Siebenkampf

Sabine Braun: Lehrgeld in purem Gold

Die letzten 800 Meter schienen sich in eine Ewigkeit ausdehnen zu wollen: Total erschöpft ließ sich Sabine Braun am Ende des Siebenkampfs rücklings auf die Kunststoffbahn plumpsen und rang nach Atem. Die Berlinerin Peggy Beer, nach der Bronzemedaille im Jahr 1990 diesmal mit 6275 Punkten respektable Sechste, kümmerte sich besorgt um die Mannschaftskollegin und gratulierte als erste. Die Wattenscheiderin Sabine Braun hatte ihren Titel mit 6419 Punkten vor der Ungarin Rita Inancsi (6404) und der Polin Urszula Wlodarczyk (6322) erfolgreich verteidigt. Alles gegeben, alles gewonnen – und doch nicht restlos glücklich: So mager wie in Helsinki war die Punkteausbeute schon seit Jahren nicht mehr ausgefallen – sogar in Split 1990 (6688) hatte sie das Resultat dieser EM weit übertroffen. Die resolute Trainerin Gertrud Schäfer bemühte sich, aus dem Ergebnis dennoch den erfreulichen Aspekt herauszustreichen: »Die Punktzahl ist sekundär, wichtig ist, daß sie gewonnen hat.«

Sie wußte freilich am allerbesten, daß ihr erfolgreicher Schützling sich mit solchen verbalen Beruhigungsspritzen nur leidlich aufpäppeln läßt. Sabine Braun, vom Charakter her ohnehin mehr eine introvertierte Grüblerin als ein optimistisches Energiebündel, schaute in ihrer trockenen, realitätsbewußten Art auf den knappen Vorsprung und sagte ehrlich: »Es war ein Arbeitssieg. Das habe ich noch nie gehabt.« Gerade mal 0,95 Sekunden hätte die Ungarin noch schneller laufen müssen und sie wäre vor der überragenden Favoritin Europameisterin gewesen.

Hätte, wäre – war nicht. Sabine Braun: »Es war wohl noch nie so leicht, Europameisterin zu werden. Aber keine andere hat die Chance ergriffen, also habe ich es getan.«

Zehn Zentimeter unter Wert: Sabine Braun zeigte allen, daß – und wie! – sie fighten kann.

Zögernd allerdings und reichlich mit Magerkost gefüttert. Über die Hürden holte sie auf der zweiten Hälfte ihren verschlafenen Start noch auf (13,33 Sekunden). Die Kugel (14,02 m) stieß sie gut, aber ihr selbst nicht gut genug. Im Weitsprung (6,32 m) wurmte sie ein ungültiger Versuch, der ihrer Einschätzung nach über 6,60 Meter weit war. So weit, so gut. Aber dann: Im Hochsprung (1,84 m) blieb sie zehn Zentimeter unter ihren Möglichkeiten (»sehr enttäuschend«), über 200 Meter (24,60) hatte sie müde Beine, der Speer (48,54 m) landete viel zu früh (»Ich kann mich an bessere Zeiten erinnern«) und dann ging es im abschließenden 800-Meter-Lauf sowieso nur noch darum, den knappen Vorsprung irgendwie über die beiden Stadionrunden zu retten.

Erfahrung gesammelt für die nächste WM

Ursachenforschung: Eine fiebrige Mandelentzündung kann eine Menge anrichten in einem Körper, der für einen Mehrkampf mit anspruchsvollem Ergebnis wirklich ohne jede Beschwerden sein muß. Und mit so einem buchstäblich hochgradigen (40 Grad Fieber) inneren Widersacher mußte sich Sabine Braun rumquälen, ehe sie in Helsinki zum Gipfelsturm ansetzte. Allerdings wollte sie die Schwächeperiode vor Ort nicht darauf abschieben. Sabine Braun: »Es lief überhaupt nichts, und ich weiß nicht, warum ich so schlecht war.«
Peggy Beer weiß auch aus eigener Erfahrung, wie lang Leib und Seele an Blessuren nagen können. Die 24jährige Berlinerin war 1993 in Götzis beim Hochsprung mit dem Fuß eingeknickt, daraus wuchsen Achillessehnenprobleme heran, die schließlich erst mit einer Operation behoben werden konnten. Erst Anfang des Jahres begann die Bankkauffrau wieder auf sich zu zählen: Radfahren, Schwimmen, Joggen – vorsichtig tastete sie sich an die alte Belastungsprobe heran. »Die Substanz fehlt noch«, meinte sie nach dem Wettkampf in Helsinki und war doch zufrieden: »Der Wettkampf hat mir Selbstvertrauen gebracht, nun setze ich auf das kommende Jahr.«
Auf die kommenden Weltmeisterschaften in Göteborg setzt natürlich auch Sabine Braun. Der »Arbeitssieg« von Helsinki ist für sie ein Erfahrungsschatz für die Vorbereitung auf die große Herausforderung, endlich einmal Jackie Joyner-Kersee, die Olympiasiegerin und Titelverteidigerin, zu schlagen. Gertrud Schäfer hat diesbezüglich schon konkrete Vorstellungen: Mehr Dynamik soll ins Training kommen, mehr Ortswechsel sollen für mehr Abwechslung sorgen. »Sabine ist zwar eher der häusliche Typ, aber eine neue Umgebung bringt ihr neuen Schwung. Man müsse »mit Sicherheit einmal neue Akzente setzen«.
Die bienenflinke Trainerin und die in Gelassenheit ruhende Athletin sind seit vielen Jahren ein eingespieltes, erfolgreiches Team, das einen nicht so schillernden Wettkampf gut verkraftet. Außerdem: Lehrgeld in Gold ist schließlich eine ausgesprochen luxuriöse Wertanlage.

Kampf mit der eigenen Psyche: Es war ein »Arbeitssieg«.

Siebenkampf Frauen

Finale am 8./9.8.1994

1. Sabine Braun (Wattenscheid) 6419
   13,33 1,84 14,02 24,60 6,32 48,54
   2:20,66
2. Rita Inancsi (Ungarn) 6404
   13,80 1,87 14,14 25,05 6,48 46,48
   2:17,92
3. Urszula Wlodarczyk (Polen) 6322
   13,26 1,81 13,35 24,25 6,41 42,12
   2:18,00

(100 m Hürden/Hochsprung/Kugelstoßen/200 m/Weitsprung/Speerwerfen/800 m)

Hauptsache gewonnen: Sabine Braun

Sabine Braun (Deutschland), geboren am 19. Juni 1965 in Essen. Maße: 1,74 m, 62 kg. Größte Erfolge: 1991 Weltmeisterin, 1993 Vize-Weltmeisterin, 1992 Olympia-Bronze, 1990 Europameisterin. Champion-Spruch: »Es war ein Arbeitssieg. Das habe ich noch nie gehabt.«

Männer: Kurzstrecken Staffeln

Im Licht des Erfolgs: Linford Christie, Weltmeister von Stuttgart 1993, war auch in Helsinki der schnellste Mann über die 100 Meter.

SEK
adidas

Der Thronfolger meldet bereits seine Ansprüche an: Noch hat Strahlemann Linford Christie (oben) gut lachen – doch auf dem Zielfoto des 100-Meter-Laufs (links) erkennt man schon die Klasse seines möglichen Nachfolgers. Nur sechs Hundertstel trennten den Norweger Geir Moen von Christie.

Beten für den Sieg. Was sich über die 100-Meter-Distanz schon andeutete, wurde über die 200 Meter Wirklichkeit: Mit einer beeindruckenden Leistung holte sich »der schöne Norweger« Geir Moen Titel und Gold.

adidas
BARCLAYCARD
682
HELSINKI '94
3

Neue Jahres-Weltbestzeit: Nach ihrem Gold- und Silbermedaillenerfolg über 400 Meter waren die Briten – hier ihr Schlußläufer Du'aine Ladejo – auch in der 4×400-Meter-Staffel nicht zu schlagen.

LAYCARD
BR
HELSINKI '94
5

Männer: 100 Meter

Linford Christie: Ein Solo gegen den Lauf der Zeit

Erhabener kann eine Geste, die Überlegenheit signalisieren soll, nicht sein: Nicht einmal der Anflug eines Lächelns huschte über sein Gesicht, als Linford Christie nach hundert Metern am Ziel und somit Europameister war. Mit ernster Miene jagte der Brite seine rechte Hand als Faust geballt gen Himmel und wandte sich schließlich großzügig der Fotografenschar zu, die auf das bekannte Szenarium wartete. Um ihn herum wirkten Geir Moen (Norwegen) und Alexander Prochomowski (Rußland) wie Kinder, die auf einem Spielplatz tollen. Sie freuten sich über Silber und Bronze. Christie zog das Trikot vom Leib, offenbarte dann – gerade lange genug für entsprechende Schnappschüsse – die schweißglänzenden Muskelberge seines gemeißelten Oberkörpers und streifte dann wie immer ein extra vorbereitetes T-Shirt über. Die Aufschrift: Dreimal Gold – Stuttgart '86, Split '90, Helsinki '94. Der Form halber sei erwähnt, daß Linford Christie nicht so bescheiden hätte sein müssen: Neben diesen drei Europameistertiteln ist er 1992 in Barcelona außerdem Olympiasieger und 1993 in Stuttgart Weltmeister geworden.

Es waren triumphalere Siege darunter als jener von Helsinki, aber keiner war so unausweichlich wie dieser: Der 34jährige spazierte durch Vorlauf und Halbfinale und konnte es sich im Endlauf leisten, 10,14 Sekunden lang unterwegs zu sein, ohne daß sein Sieg je gefährdet gewesen wäre. Dem schnellsten Europäer fehlte die Konkurrenz aus Amerika, die ihn sonst nach vorne treibt. »Der Lauf war gut, nur über die Zeit bin ich enttäuscht«, haderte der Meister denn auch, freilich nur kurz. »Ich habe den Titel, das ist das einzige, was wirklich zählt.«

Was hätte er auch anderes sagen sollen? Schließlich entwertet ein Athlet seinen Sieg nicht gerne selbst. Aber im internationalen Umfeld betrachtet, wird er sich innerlich gewiß darüber gegrämt haben, daß er den fernen Rivalen nicht eine inhaltsvollere Botschaft hatte schicken können. Schließlich mußte Christie – wegen einer Muskelzerrung im Oberschenkel vor den Europameisterschaften einige Wochen zur Pause gezwungen – tatenlos zuschauen, wie Leroy Burrell (USA) wenige Tage vor den Europameisterschaften bei einem Sportfest in Lausanne den Weltrekord auf 9,85 Sekunden gedrückt hatte. In Helsinki nicht wirklich gefordert, beließ es der auf Jamaika geborene Brite bei der verbalen Prognose, daß »die 9,80 Sekunden in absehbarer Zeit erreicht werden«. Von wem, verriet er nicht. Nur soviel: »Weltrekorde kann man nicht voraussagen. Man geht raus und läuft.« Schließlich spielte er noch ein wenig den Appetitanreger und sagte: »Ich bin hungrig auf gute Zeiten und Titel.«

Eines freilich muß man dem Sprintstar zugute halten: Sosehr er die Diva auf der Laufbahn zu spielen versteht, so kameradschaftlich verhält er sich in der Mannschaft. Einer, der bis zu 150000 Dollar für einen Start geboten bekommt, könnte sich nicht nur in ein Luxushotel einmieten, er könnte es zur Not sogar kaufen. Statt dessen teilte Christie wieder im Athletendorf eine der kleinen, spärlich möblierten Kammern mit seinem Freund und Trainingspartner Colin Jackson – und sagte auch, warum: »Als Mannschaftskapitän möchte ich Teamgeist beweisen. Außerdem ist es auch schön, mit den anderen zusammenzusein und Siege und Medaillen gemeinsam zu feiern.«

Geir Moen und die goldene Silbermedaille

Gefeiert haben nach diesem Sprintfinale auch die anderen beiden Medaillengewinner, denn auf die verwegene Idee, einen Linford Christie schlagen zu können, war erst gar keiner gekommen. Also strahlte Norwegens Teenager-Liebling Geir Moen (in 10,20 Sekunden Zweiter) und sagte: »Silber ist für mich Gold wert. Es ist ein Traum für mich: Zweiter hinter Linford, der einer der Größten ist.« Alexander Prochomowski berichtete von einer leichten Verletzung, die er sich im Halbfinale am rechten Bein zugezogen hatte und war schon deswegen heilfroh, »ins Ziel gekommen zu sein und auch noch Bronze gewonnen zu haben«. Auch der einzige deutsche Sprinter im Endlauf über 100 Meter konnte

Titeljäger: Linford Christie
Linford Christie (Großbritannien), geboren am 2. April 1960 auf Jamaika. Maße: 1,89 m, 77 kg. Größte Erfolge: Olympiasieger 1992, Weltmeister 1993, Europameister 1986 und 1990. Champion-Spruch: »Warumsollte ich zu alt sein? Vielleicht sind die anderen auch zu jung, um an die Spitze zu kommen.«

guter Dinge wieder in die Trainingshose steigen: Marc Blume hatte in seiner noch jungen Karriere erstmals das Finale einer großen internationalen Meisterschaft erreicht und wurde in 10,40 Sekunden Sechster. Der Wattenscheider, mit einer Bestzeit von 10,20 Sekunden (damit gewann Moen Silber) in Helsinki angereist, kritisierte sich selbst: »Am Ende des Rennens konnte ich nicht mehr zulegen. Das alte Lied. Aber ansonsten bin ich sehr zufrieden.«

Das konnte er auch sein. Zwar trennt ihn ein gutes Stück Weg von Christie, aber es trennen die beiden auch 14 Lebensjahre: Den Hinweis auf das für einen Sprinter recht hohe Alter mochte Christie in Helsinki gar nicht mehr gerne hören – und deswegen hatte er auch schon einen passenden Konter parat: »Ich gehöre seit 1986 zu den fünf besten Sprintern der Welt. Vielleicht bin ich nicht zu alt, sondern vielleicht sind die anderen zu jung, um dorthin zu kommen.« So betrachtet, kann Christie stolz auf sich sein: Sein Solo in Helsinki war wieder einmal ein Rennen gegen den Lauf der Zeit...

Hattrick: Linford Christie kürte sich – nach Stuttgart 1986 und Split 1990 – in Helsinki 1994 zum dritten Mal zum Europameister.

100 m Männer

Finale am 8. 8. 1994

1. Linford Christie (Großbritannien) 10,14
2. Geir Moen (Norwegen) 10,20
3. Alexander Prochomowski (Rußland) 10,31

Männer: 200 Meter

Ein Moen, ein Wort: Goldjunge...

Moen – wer?« Linford Christie hatte dem jungen Mann, der hinter seinem Rücken die Silbermedaille über 100 Meter gewonnen hatte, nicht besonders viel Aufmerksamkeit geschenkt. Offenbar interessiert sich der Brite nicht sehr für die Bestenlisten der Sprinter über 200 Meter, sonst hätte er wissen müssen, daß der 25 Jahre alte Norweger über diese Distanz neben dem Franzosen Jean-Charles Trouabal im Jahr 1994 schon vor Helsinki zu den Besten Europas gehört hatte. Möglicherweise hätte er ihn sogar vor sich lau-

Wikinger: Geir Moen

Geir Moen (Norwegen), geboren 1969 in Moss.
Größte Erfolge: Erster norwegischer Rekord 1994 (20,40) vor der EM in Oslo.
Champion-Spruch: »Ich habe meine Ziele früher als gedacht erreicht.«

fen sehen, wenn er nicht auf den Start über 200 Meter verzichtet hätte.
Ohne Christie und ohne dessen verletzten Landsmann und Titelverteidiger John Regis war der oberste Platz auf dem Treppchen frei für einen neuen Namen – und der 1,90 Meter große Geir Moen nutzte die Chance zur großen Freude seiner Landsleute so gut, daß er nicht nur die Goldmedaille gewann, sondern mit 20,30 Sekunden auch gleich einen neuen norwegischen Rekord aufstellte.
Blond und blendend aussehend genoß der junge Wikinger als eben ernannter Goldjunge nach dem Lauf draußen die sehnsüchtigen Blicke der finnischen Teenager und Twens weiblichen Geschlechts. Die Damen ergötzten sich lieber am Anblick der Gegenwart, die Vergangenheit interessierte sie nicht so sehr. Statistikern sei dennoch die Information nicht verwehrt: Der aus Moss südlich von Oslo stammende Geir Moen hatte nach 48 Jahren wieder die erste Sprinter-Goldmedaille für Norwegen gewonnen. 1946 hieß der Held Haakon Tromberg. Lang ist's her.

Erste Sprintmedaille für Norwegen seit 1946: Geir Moen auf dem Weg zum 200-Meter-Gold.

Silber gewann der ukrainische Hallen-Vize-Europameister Wladislaw Dologodin in 20,47 Sekunden, der schon während des Laufs mit Blick auf die Videowand erkannte: »Ich hätte schneller anlaufen sollen. Ich erwartete für mich eine Zeit um die 20,30.« Aber er nahm die Kurve nur »sosolala« – und anerkannte den Sieg Geir Moens neidlos: »Der Norweger war der klare Favorit auf dem Papier und auf der Bahn.« Der Belgier Patrick Stevens war indes als überraschender Dritter nach 20,68 Sekunden rundum happy: »Ich bin so glücklich. Ich habe nie und nimmer eine Medaille erwartet.«

Norwegische Erfolgswelle

Europameister Moen repräsentierte indes die neue norwegische Erfolgswelle in der Leichtathletik, die sich nach Aussagen der Funktionäre nicht auf finanzielle Lockmittel, sondern auf hartes Training, Motivationsschübe und ein gesundes Selbstbewußtsein zurückführen läßt. Verbandspräsident Lars Martin Kaupang: »Kein Athlet läuft schneller, nur weil man die Sporthilfe verdoppelt.«
Moen ist unter den Fittichen des an der Sportakademie in Oslo lehrenden Trainers Leif Olav Alnes in den Vordergrund gerannt, der seinen Schützlingen auch in den Übungsläufen den Gang an die Leistungs- und damit an die Schmerzgrenze abverlangt. Deswegen war Moen selbst von seiner Superzeit auch am allerwenigsten überrascht: »Ich habe so viele Tempoläufe absolviert, daß ich es gewöhnt bin, mehrere schnelle Rennen hintereinander zu laufen.« Von der natürlichen Überlegenheit beispielsweise der schwarzen Athleten mag Alnes nichts hören. Er sagt: »Man sollte sich durch Hautfarbe, Rasse oder Geschlecht nicht davon abhalten lassen, schnell zu rennen.«
Den deutschen 200-Meter-Sprintern nützte der Hinweis nichts: Der Wattenscheider Michael Huke, Alexander Lack (Neubrandenburg) und Björn Sinnhuber (Mannheim) sind im Zwischenlauf ausgeschieden.

200 m Männer

Finale am 11. 8. 1994

1. Geir Moen (Norwegen) 20,30
2. Wladislaw Dologodin (Ukraine) 20,47
3. Patrick Stevens (Belgien) 20,68

Männer: 4×100 Meter

Stab-Reime ohne Happy-End

Bronze hatten sie 1986 in Stuttgart gewonnen, Silber 1990 in Split – nichts anderes als Gold sollten die Briten in Helsinki für die 4×100 Meter auf der Rechnung haben, zumal da die schnellen Sprinter von der Insel als Vize-Weltmeister von 1993 ohnehin als klare Favoriten in den Endlauf gingen. Und dann diese Szene im Halbfinale: Darren Braithwaite übernahm von Tony Jarrett das Holz, mußte nachfassen, bekam es auch in den Griff – und ließ es schließlich doch fallen. Aus der Traum vom dritten Stab-Reim. Linford Christie wartete an der letzten Wechselmarke wie bestellt – und wurde nicht abgeholt. Kopfschüttelnd spazierte der Star die Zielgerade hinunter, vergaß aber nicht, sein Trikot schnell runterzuziehen und Küßchen ins Publikum zu werfen. Die Show muß weitergehen. »Ich spiele«, sagt Christie, »viele Rollen.«
Auch eine wichtige Rolle spielte eine Stunde später im Finale der Russe Andrei Fedoriw. Der Startläufer konnte es gar nicht abwarten, ins Ziel zu kommen, ging zweimal zu früh aus den Blöcken und wurde prompt regelgerecht samt seinen Kollegen disqualifiziert.
So war der Weg frei für die fixen Franzosen: Hermann Lomba, Daniel Sangouma, Jean-Charles Trouabal und Eric Perrot sicherten sich in 38,57 Sekunden Gold und verteidigten somit erfolgreich den Sprintstaffel-Titel für ihr Heimatland. Vize-Europameister wurde die Ukraine mit Sergej Osowitsch, Dmitri Wanjaikin, Oleg Chramarenko und Wladislaw Dologodin (38,98) vor Italien mit Ezio Madonia, Domenico Nettis, Giorgio Marras und Sando Floris (38,99).
Enttäuscht und geschlagen verließ die deutsche Staffel mit den Zwillingen Marc und Holger Blume, Steffen Görmer und Michael Huke die Arena: Nur Rang sechs (39,36) blieb dem Quartett, das in Wattenscheid am Projekt Sprinthoffnung arbeitet. Früchte gab es in Helsinki noch keine zu ernten.

4×100 m Männer

Finale am 13.8.1994

1. Frankreich (Lomba/Sangouma/Trouabal/Perrot) 38,57
2. Ukraine (Osowitsch/Wanjaikin/Chramarenko/Dologodin) 38,98
3. Italien (Madonia/Nettis/Marras/Floris) 38,99

Vive la France! Nach Pleiten, Pech und Pannen der Konkurrenz war den Franzosen Hermann Lomba, Daniel Sangouma, Jean-Charles Trouabal und Eric Perrot (von links nach rechts) der Sieg in der 4×100-Meter-Staffel nicht mehr zu nehmen.

»Das war mein Rennen«: Du'aine Ladejo aus Großbritannien, Europameister über die 400 Meter der Männer.

Männer: 400 Meter

Black hatte nicht genügend Power

Diesen Namen muß man buchstabieren, auswendig lernen und kann dann immer noch nicht sicher sein, daß man ihn richtig schreibt – aber Roger Black träumt vermutlich nachts von ihm. Du'aine Ladejo heißt der neue Europameister über 400 Meter – und er verhinderte mit seinem Sieg in 45,09 Sekunden den Hattrick seines Landsmanns: Roger Black hatte 1986 und 1990 den Titel auf der Stadionrunde gewonnen und mußte sich diesmal in 45,20 Sekunden mit Silber begnügen.

Für die größte Sensation freilich sorgten im Endlauf nicht die beiden Briten, sondern ein 22 Jahre junger Athlet aus der Schweiz: Matthias Rusterholz sicherte den Eidgenossen als Dritter in 45,96 Sekunden nicht nur die erste Medaille in dieser Disziplin bei Europameisterschaften. Seit 1954 war er überhaupt der erste Schweizer, der den 400-Meter-Endlauf erreicht hatte. Ausgepumpt und schier überlaufend vor Glück suchte der Bronzemedaillengewinner vergeblich nach den rechten Worten für seine Empfindungen: »Was für ein Tag! Es ist sehr schwer auszudrücken, was ich fühle.« In der letzten Kurve hatte er den sicheren Instinkt und brauchte nichts zu erklären, sondern nur weiterzurennen.

Rusterholz: »Anfangs der Zielgerade kam es mir in den Sinn, daß ich Dritter werden könnte, weil die Russen langsamer wurden.« Matthias Rusterholz nutzte seine Chance auf Bronze, der Silbermedaillengewinner konnte seinen Traum vom dritten Gold in Serie nicht verwirklichen. Black hatte nicht genügend Power: Nach einer ernsthaften Fußverletzung und einer ihn sehr schwächenden Viruskrankheit startete der 27jährige Vize-Weltmeister von 1991 aus Portsmouth Anfang des Jahres ein eindrucksvolles Comeback mit dem Europacupsieg in Birmingham. Allerdings war er vor dem 23 Jahre alten Landsmann Du'aine Ladejo gewarnt: Zweimal – in London und Monte Carlo – unterlag er ihm sozusagen schon auf dem Weg nach Helsinki. Und so fiel Roger Black auch nach der Niederlage in der finnischen Hauptstadt nur ein Kommentar ein: »Es war ein gutes Rennen, und ich bin Zweiter geworden.«

Ladejo: Das war mein Rennen...

Europameister Ladejo, nach acht Jahren USA-Aufenthalt erst im vergangenen Sommer nach Großbritannien zurückgekehrt, wußte dagegen überhaupt nicht wohin mit all den Worten, die ihm von der Zunge flossen. »Das war mein Rennen«, sagte er stolz und schwärmte von dem »großen Zweikampf mit Roger. Heute war eben ich der Gewinner.« Die Mutter werde ihm jetzt bestimmt verzeihen, daß er ihren Geburtstag vergessen hatte. Mamas Liebling: »Sie saß auf der Tribüne an der Ziellinie.« Eine derart seltene Goldmünze bekommt schließlich nicht jede stolze Mutter verehrt – und deswegen war der Sieger ganz sicher: »Ich bin sehr glücklich, und meine Mutter ist es auch.«

Die goldenen Zeiten der deutschen Athleten kehrten auch in Helsinki nicht zurück: Kai Karsten (Braunschweig) und Lutz Becker (Mainz) waren schon im Vorlauf auf der Strecke geblieben, der Leverkusener Daniel Bittner verabschiedete sich im Halbfinale nach 46,44 Sekunden aus dem Wettbewerb. Mit derselben Zeit wäre er übrigens im Finale noch vor dem gescheiterten Mitfavoriten Dmitri Kosow (46,69) Siebter geworden.

Mamas Liebling: Du'aine Ladejo

Du'aine Ladejo (Großbritannien), geboren am 14. Februar 1971 in London. Maße: 1,91 m, 82 kg. Größte Erfolge: Hallen-Europameister 1991 und 1994. Champion-Spruch: »Jetzt wird mir Mutter verzeihen, daß ich ihren Geburtstag vergessen habe.«

400 m Männer

Finale am 11.8.1994

1. Du'aine Ladejo (Großbritannien) 45,09
2. Roger Black (Großbritannien) 45,20
3. Matthias Rusterholz (Schweiz) 45,96

Männer: 4×400 Meter

Das Quartett mit vier Assen stach

Manchmal steigen die Aktien im Sport noch viel unerwarteter als an der Börse – allerdings sind auch die Wertverluste ungleich schneller zu verzeichnen. Gut sah sie aus, die Ergebnisliste, die als zweite Auflage durchs Stadion kursierte und die deutsche 400-Meter-Staffel hinter Großbritannien und Italien als Bronzemedaillengewinner auswies. Doch die Freude währte nicht lang und wurde von den Kampfrichtern wenig später schon wieder korrigiert: Die Mannschaften aus Frankreich und Rußland hatten erfolgreich gegen ihre Disqualifikation protestiert – und dann hatte alles seine Ordnung.

Überlegener Europameister über 4×400 Meter wurde die britische Staffel in hervorragenden 2:59,13 Minuten. Damit machte das EM-Quartett mit den vier Assen David McKenzie, Brian Whittle, Roger Black und Du'aine Ladejo glänzend jene Schlappe wett, die die WM-Besetzung vor einem Jahr bei den Weltmeisterschaften in Stuttgart mit dem Ausscheiden im Vorlauf erlitten hatte. Silber ging an Frankreich mit Pierre-Marie Hilaire, Jean-Louis Rapnouil, Jacques Farraudiere und Stephane Diagana (3:01,11) vor Rußland mit Michail Wdowin, Dimitri Kosow, Dimitri Bey und Dimitri Golowastow (3:03,10).

Dem Quartett des Deutschen Leichtathletik-Verbandes blieb hinter Italien Rang fünf in 3:04,15 Minuten – und eine alte Erfahrung in neuer Auflage: Die Taktik, dem schnellsten Mann die letzte Runde zu überlassen, ist trügerisch. Im Gerangel an der Stabübergabe, wo Ellbogenchecks und Handgreiflichkeiten keine Seltenheit sind, ist immer derjenige im Vorteil, der vorneweg läuft. Als der Gelnhausener Edgar Itt das Holz von Lutz Becker für die Schlußrunde übernahm, hatten die Kollegen nicht nur auf der Bahn, sondern vor allem bei den Wechseln Zeit und Boden verloren. Das konnte auch Itt nicht mehr wettmachen.

Daniel Bittner, Kai Karsten und Lutz Becker mußten sich übrigens in einem Ausscheidungsrennen über 350 Meter auf dem Trainingsplatz unter Ausschluß der Öffentlichkeit für den Staffeleinsatz qualifizieren. Nur Hürdenläufer Edgar Itt war gesetzt.

4×400 Männer

Finale am 14.8.1994

1. Großbritannien (McKenzie/Whittle/Black/Ladejo) 2:59,13
2. Frankreich (Hilaire/Rapnouil/Farraudiere/Diagana) 3:01,11
3. Rußland (Wdowin/Kosow/Bey/Golowastow) 3:03,10

Ende gut, alles gut: Roger Black unterlag über 400 Meter überraschend seinem Landsmann Du'aine Ladejo – in der Staffel holten sie dann gemeinsam Gold.

Männer: Mittelstrecken

Knapp verfehlt: Der ehemalige Moderne Fünfkämpfer Nico Motchebon aus Berlin träumte von einer Medaille für die 800 Meter – aber auch sein vierter Platz ist Ausweis (s)einer hervorragenden Leistung.

Auferstehung: Andrea Benvenuti

Andrea Benvenuti (Italien), geboren am 13. Dezember 1969 in Negrar. Maße: 1,85 m, 75 kg. Größte Erfolge: 1992 Olympia-Fünfter, 1992 Weltcup-Dritter, 1993 Europacup-Zweiter. Champion-Spruch: »Ich hoffte sehr auf den Sieg, um das Pech von Stuttgart zu vergessen.«

Männer: 800 Meter

Ein Wimpernschlag fehlte zu Bronze

Bei den langjährigen Weggefährten der Leichtathletik mögen Erinnerungen wach geworden sein, als im Olympiastadion von Helsinki die 800-Meter-Läufer an den Start ihres Endlaufs gerufen wurden. Elf Jahre zuvor hatte der Wattenscheider Willi Wülbeck bei den allerersten Weltmeisterschaften dieser Sportart an gleicher Stelle ein Stadion auf den Kopf gestellt: »Wüüllliiie« – raunten die deutschen Schlachtenbummler durch die Arena – und für sie rannte Wülbeck sich die Seele aus dem Leib und krönte damals seine lange Karriere mit einem richtig großen Titel. Wie gesagt: Erinnerungen. Der vierte Platz ist auch ein sehr guter Platz im Finale einer Leichtathletik-Europameisterschaft. Aber der vierte Platz ist außerdem ein unbequemer Platz – vor allem dann, wenn nur die Zeitspanne eines Wimpernschlags mehr zum Lauf ins Rampenlicht genügt hätte. Acht Hundertstelsekunden fehlten Nico Motchebon am Ende des 800-Meter-Laufs auf die 1:46,57 Minuten des Spaniers Tomas De Teresa und dessen Bronzemedaille.

Der 24 Jahre alte Berliner, vom Modernen Fünfkampf zur Leichtathletik übergewechselt, war im Halbfinale mit 1:45,75 Minuten die schnellste Zeit gelaufen, schneller noch als der norwegische Favorit Vebjörn Rodal, und durfte danach durchaus mit einem Auge in Richtung Medaillenränge schielen. Aber dann verlor Motchebon im Endlauf den Zeitpunkt aus den Augen, als der Italiener Andrea Benvenuti nach einer verbummelten ersten Runde gut 250 Meter vor dem Ziel den langen Endspurt anzog. Der Olympiafünfte von Barcelona 1992 gewann in 1:46,12 Minuten vor dem hochgewetteten Norweger Vebjörn Rodal (1:46,53), der mit seinen 21 Jahren als 800-Meter-Sieger bei den Sportfesten in Hengelo, Helsinki und London die eigene Börse hochgetrieben hatte. Rodal ließen in einem von der Taktik bestimmten, langsamen Rennen die Beine im Stich: »Taktisch war alles perfekt, nur meine Beine fühlten sich ein wenig müde an. Aber ich bin mit der Silbermedaille sehr zufrieden.«

Entschädigung: Bei der WM in Stuttgart 1994 brach sich der Italiener Andrea Benvenuti einen Knöchel. Nun wurde er in Helsinki Europameister über die 800 Meter der Männer.

Trotz Muskelzerrung der Schnellste

De Teresa vertraute erfolgreich auf seine Sprintqualität: »Ich folgte einfach meinen härtesten Konkurrenten auf den Fersen und wußte, daß ich dann im Endspurt eine Medaillenchance haben würde.«

Andrea Benvenuti verschaffte sich mit dem Titelgewinn in Helsinki eine kleine Entschädigung für sein Pech ein Jahr zuvor bei den Weltmeisterschaften in Stuttgart. Ein Knöchelbruch hatte den 24jährigen im Gottlieb-Daimler-Stadion um alle Hoffnungen gebracht. Benvenuti kam auch in Finnland nicht ganz heil über die Runden: »Ich habe mir einen Muskel gezerrt, aber ich war trotzdem noch der Stärkste.«

800 m Männer

Finale am 14.8.1994

1. Andrea Benvenuti (Italien) 1:46,12
2. Vebjörn Rodal (Norwegen) 1:46,53
3. Tomas De Teresa (Spanien) 1:46,57

Spanisches Duett: Fermin Cacho (Gold) und Isaac Viciosa (Silber) machten die 1500 Meter der Männer unter sich aus.

Männer: 1500 Meter

Ein Doppelsieg für Spaniens Armada

Der letzte Hero(ld) ging zu früh von Bord: Titelverteidiger Jens-Peter Herold aus Berlin war nicht mehr mit von der Partie, als es über die 1500 Meter in Helsinki um die Medaillen ging. Der 29 Jahre alte Europameister von Split und Olympia-Dritte von Seoul schied im Vorlauf in 3:40,24 Minuten aus. Rüdiger Stenzel, beim Europacup-Finale wenige Wochen zuvor in Birmingham nur dem Ukrainer Andrej Bulkowski unterlegen, belegte in Helsinki nach 3:38,36 Minuten Platz sieben.

Die Plätze ganz vorne mußte der 26 Jahre alte Deutsche Meister aus Wattenscheid anderen überlassen. Vor Bronzemedaillengewinner Branko Zorko (27) aus Kroatien feierte die spanische Läufer-Armada einen Doppelsieg. Olympiasieger war er schon, Europameister wurde er in Helsinki zum ersten Mal: Fermin Cacho (25) gewann in 3:35,27 Minuten vor seinem Landsmann Isaac Viciosa (24). Noch bei den spanischen Meisterschaften war die Reihenfolge umgekehrt, aber Viciosa feierte dennoch den größten Erfolg seiner Karriere. »Ich versuchte einfach, Cacho zu folgen und zu sehen, wie weit mich das bringen würde.« Folgen konnte er, überholen konnte er nicht. Cacho brachte der Erfolg auch den Glauben an sich zurück: »Dieser Sieg war sehr wichtig für mich, weil ich ein so schlechtes Jahr hinter mir habe. Ich wußte, daß ich in Topform bin.«

Branko Zorko brachte kein schlechtes Jahr, aber einige stressige Tage aus dem Rhythmus: »Nach dem Meeting in Monte Carlo«, berichtete er, »war ich ganze drei Tage nur unterwegs und konnte nur zweimal trainieren. Es war nicht gerade die ideale Vorbereitung...« Bronze ist immer noch besser als Blech: Der Franzose Eric Dubus traf als schnellster Europäer des Jahres in Helsinki ein – aber dann war er auf den wichtigsten 1500 Metern nicht schnell genug: 3:37,44 Minuten reichten nur für Rang vier.

1500 m Männer

Finale am 9. 8. 1994

1. Fermin Cacho (Spanien) 3:35,27
2. Isaac Viciosa (Spanien) 3:36,01
3. Branko Zorko (Kroatien) 3:36,88

Stolzer Spanier: Fermin Cacho

Fermin Cacho (Spanien), geboren am 16. Februar 1969 in Agreda. Maße: 1,75 m, 63 kg. Größte Erfolge: 1992 Olympiasieger, 1993 Vize-Weltmeister.
Champion-Spruch: »Di Napoli legte das richtige Tempo vor – ich folgte und brauchte bloß meine Chance zu nutzen.«

adidas
47

Männer: Langstrecken

Die letzten 100 Meter waren die schlimmsten: In einem dramatischen Finale holte sich Stephane Franke aus Kornwestheim die Bronzemedaille über 10 000 Meter.

Überzeugend: Mit einem glänzenden Endspurt sicherte sich Olympiasieger Dieter Baumann aus Leverkusen in Helsinki den Europameister-Titel über 5000 Meter.

Auf allen vieren:
Dieter Baumann im Siegestaumel nach seinem grandiosen Erfolg.

Geschafft! In Helsinki 1994 rief 5000-Meter-Sieger Dieter Baumann überaus angenehme Erinnerungen an Barcelona 1992 wach.

Männer: 5000 Meter

Gold am Start zum Lauf ins Jahr 2000

Ist ein Sportler erst einmal ein Star, dann hat er es ziemlich leicht, die Aufmerksamkeit auf sich zu ziehen. Das liegt daran, daß Stars als Allgemeingut gehandelt werden und deswegen einfach alles, was um sie und mit ihnen passiert, von äußerst großem öffentlichem Interesse ist. Manchmal reicht es schon, wenn einer nur zum Friseur geht – und schon sind die Schlagzeilen wieder voll. Also: Dieter Baumann trug das Blond-Haar nicht mehr lang und offen, sondern sommerkurz gestutzt, als er in Helsinki eintraf – und es hat ihm möglicherweise ein heimliches Grinsen (oder war es ein Kopfschütteln?) entlockt, daß die Nachricht vom neuen Kopf-Styling ähnlich viel oder gar mehr Interesse weckte als seine Durchgangszeit bei 2400 Metern. So klein ist's, was nicht nur Kinder freut. Manchmal ärgert es ihn auch, wenn der Sport, um den es ja geht, im großen Spektakel von solchen Nichtigkeiten verschluckt wird. Aber es läßt sich, hat man die Auswüchse der Popularität erst einmal verstanden, auch wunderbar damit spielen. Dabei ist die Hauptrolle doch unendlich viel spannender als alles Beiwerk: Die Zeit, in der nur noch die Laufbahn die Bühne ist. Es war, als hätten die Organisatoren den Zeitplan auf ihn zugeschneidert. Die 5000 Meter standen als letzter Wettbewerb am letzten Tag der Europameisterschaften unmittelbar vor der Schlußfeier auf dem Programm. Das Olympiastadion war ausverkauft. Das große Hurra vor dem Abschied: Auf der Startlinie tummelten sich 15 Läufer, aber einer konzentrierte alle Blicke auf sich: Baumann. Dieser Typ zündet Funken, und La Ola hatte plötzlich einen Namen: »Dieter, Dieter«, skandierten die deutschen Schlachtenbummler.

Nervös wie vor dem ersten Start

Doch ausgerechnet wenn alle zuschauen, wird der Athlet auf einmal vom Allgemeingut zum einsamsten Menschen der Welt. Da ist der Augenblick am Start, in dem die kribbelige Nervosität sich in totaler Konzentration versammeln muß. »So nervös wie diesmal«, sagte Baumann später, »war ich noch nie.« Mittags beim Essen hat er wie ein Magenkranker Gabel für Gabel die Spaghetti reingezwungen: »Ich habe fast keinen Bissen runtergekriegt.« Denn dieses eine Mal ist jedes Mal anders, auch wenn einer so viel Erfahrung hat wie der Olympiasieger.
Die Strecke ist immer dieselbe, aber der Lauf ist jedesmal anders. Langsam, viel zu langsam und abwartend gingen sie auf Tour. Reisegeschwindigkeit im Endlauf. Baumann konnte auf seinen Endspurt vertrauen – aber die anderen? »Sie hätten doch irgendwann etwas tun müssen. Ich konnte lange Zeit nicht glauben, daß es so langsam vorwärts geht«, sagte er. 5000 Meter sind lang genug, daß einem allerhand Gedanken kommen können. »Ich habe mich nie richtig wohl gefühlt«, gestand Dieter Baumann nach dem Rennen. »Wenn du bei so einem Lauf zum falschen Zeitpunkt an der falschen Stelle bist, kannst du alles verlieren.« Und verlieren heißt unter Umständen, Zweiter zu werden: Der Brite Rob Denmark zum Beispiel rempelte und verhedderte sich im Pulk und gewann Silber. Der Spanier Abel Anton fügte seinem Titel über 10000 Meter noch eine Bronzemedaille bei: »Ich tat mich mit der Motivation ein bißchen schwer nach dem Sieg über die 10000. Es war wieder ein taktisches Rennen – und ich fühlte mich einfach gut genug, um mitzuhalten.«

Baumann & Baumann: ein perfektes Team

Es bleibt soviel Zeit in diesen Langstreckenrennen, daß die Zweifel am noch so starken Selbstbewußtsein rütteln können. Und dann mußt du zuerst die Zweifel besiegen, damit du gewinnen kannst. Die oben auf den Tribünen saßen, sahen die Zweifel nicht. Sie sahen, wie Dieter Baumann sich irgendwann aus dem Mittelfeld herausschälte, um gegen überraschende Vorstöße der Spitze gewappnet zu sein. Sie sahen, wie keiner für diese Überraschung sorgte. Und schließlich sahen sie, wie er in der letzten Runde die Gänge Meter für Meter hochschaltete und so unbestechlich und unbezwingbar mit langen, überzeugenden Schritten davoneilte und die Konkurrenten quasi stehenließ. Er schaute sich um, einmal, zweimal, dreimal – auf der letzten Geraden noch ging der Blick zurück, obwohl das Ziel so dicht vor ihm lag. So kennen sie ihn, so lieben sie ihn: Baumann, der Stürmer. »Dieter, Dieter.«
Danach, auf der Ehrenrunde, dankte er den jubelnden Fans strahlend für den Applaus und natürlich begleitete die Kamera jeden Schritt und fing die Umarmung mit Isabelle, seiner Frau und Trainerin, ein. Zu zweit und doch eins sein: Baumann und Baumann haben wieder einmal »ihr Ding gedreht«.
Es war viel vom komplizierten Dreiecksverhältnis die Rede gewesen. Nicht privat, sondern sportlich natürlich. Von Baumann und Baumann und der Trainerin Isabelles Schützling Stephane Franke, der nach Bronze über 10000 Meter auch die 5000 Meter unter die Füße nahm. Franke ist Zehnter geworden und bereute keine Sekunde, das Abenteuer eingegangen zu sein. »Ich wollte es versuchen und sehen, was dabei herauskommt.« Und so hatte der Sport auf ganz natürliche Weise die Rollen wieder gerecht verteilt: Bronze für Franke. Gold für Baumann. Jeder in seinem Rennen. Jeder für sich.

Der Lohn unglaublicher Trainingsmühen: Nach vielen Erfolgen und manchen Rückschlägen hielt Dieter Baumann endlich wieder »sein« Edelmetall in der Hand.

Geduld zahlt sich aus

»Und jetzt ein Weißbier«, sagte Dieter Baumann und setzte das selbst auferlegte

Jungbrunnen: Dieter Baumann

Dieter Baumann (Leverkusen), geboren am 8. Februar 1965 in Blaustein. Maße: 1,78 m, 64 kg. Größte Erfolge: Olympiasieger 1992, Olympia-Zweiter 1988, Weltmeisterschafts-Vierter 1991. Champion-Spruch: »Ich bin jetzt in einem so hohen Alter, da kann man die Nerven nicht mehr so gut im Zaum halten.«

Alkoholverbot für einen Abend außer Kraft. Vorher stand er schweißnaß in einer Ecke der Stadionkatakomben. Eingeklemmt von den Journalisten und doch auf einem neuen Höhepunkt zwischen Vergangenheit und Zukunft. Baumann kennt alle Perspektiven einer Sportlerlaufbahn: Jene von unten und jene von oben. Silber 1988 in Seoul, Gold 1992 in Barcelona. Dazwischen Schmerzen, Leiden, Verletzungen. Danach wieder. 1993 saß er während der Weltmeisterschaften in Stuttgart auf der Tribüne, weil der Fuß den Weg zu einem weiteren Titel noch nicht mitgehen konnte. Dieter Baumann hat vieles gelernt in seinem Beruf – unter anderem was es heißt, Geduld zu üben.

In Helsinki begann für den Leverkusener mit Wohnsitz auf der Schwäbischen Alb deswegen wieder einmal eine neue Zeitrechung in seiner Karriere: »Das Jahr Null. Ich habe wieder von vorne begonnen.« Wer von vorne beginnt, denkt noch nicht schon wieder an das Ende. »Bis Sydney«, so Baumann, »halte ich durch.« 1988 hatte er zehn weitere Jahre als Aktiver vorhergesagt. »Jetzt rechne ich die zwei Verletzungsjahre drauf. Dann stimmt's.« So gesehen begann für Dieter Baumann in der finnischen Metropole der Lauf ins Jahr 2000. Darüber verkleinerte sich die Dimension des 5000-Meter-Rennens bei diesen Europameisterschaften auf eine nüchterne Betrachtung des Titelträgers: »In so einem Rennen«, sagte Baumann, »kann nur der Gewinner sagen, es war ein gutes Rennen.«

5000 m Männer

Finale am 14.8.1994

1. Dieter Baumann (Leverkusen) 13:36,93
2. Rob Denmark (Großbritannien) 13:37,50
3. Abel Anton (Spanien) 13:38,04

Dicht auf den Fersen: Bis zum Ziel ließ Stephane Franke den späteren Sieger über 10 000 Meter, Abel Anton, nicht aus den Augen…

... wo er sich dann mit einem Sprung über die Ziellinie die Bronzemedaille holte.

Männer: 10000 Meter

Wenn zwei sich streiten...

Die letzten hundert Meter waren die schlimmsten. Der Weg ins Ziel schien mit jedem Schritt länger und länger zu werden. Der Körper stocksteif, die Beine ihrem eigenen Stakkato überlassend, trudelte der Kornwestheimer Stephane Franke im schmerzenden Zweikampf mit dem Slowaken Robert Stefko der rettenden Linie entgegen und stürzte sich schließlich mit dem Mut der Verzweiflung ins Ziel und zu Boden. Er verlor die Brille, verletzte sich an der Schulter – aber er gewann Bronze über 10000 Meter. »Ich habe mich gefühlt wie eine Zitrone, aus der man den letzten Tropfen Saft rausquetscht.«

Ein paar Meter weiter vorne spielte sich ein weiteres Duell um den Sieg ab: Der Spanier Abel Anton stürmte auf der Zielgeraden noch an dem führenden Belgier Vincent Rousseau vorbei, gewann mit 31 Jahren den ersten wichtigen internationalen Titel seiner Sportler-Karriere und war überglücklich, »endlich einmal den Lohn für all die Anstrengungen in 18 Jahren Trainingsarbeit« einheimsen zu dürfen.

Der Blick auf die Siegerzeit erklärt, warum ein Läufer, der auf den Ergebnislisten bislang mit Ausnahme eines Europacupsieges 1987 nur im Mittelfeld zu finden war, ganz vorne landen konnte. Der Europameister war 28:06,03 Minuten unterwegs. Das ist nicht Eil-, sondern Bummelzugtempo. Isabelle Baumann, Trainerin des damals sensationellen WM-Vierten von 1993, erlebte den Lauf ihres Schützlings Franke zur Bronzemedaille (28:07,95) auf der Tribüne als »das längste 10000-Meter-Rennen, das ich je gesehen habe. Man wartete immer, daß etwas passieren würde, aber es passierte nichts.« Sie ahnte schon während des Laufs, daß wohl einer gewinnen würde, »von dem man vorher noch nicht viel gehört hat«. So war es. Abel Anton lächelte freundlich seine beiden Kollegen Rousseau und Franke an, die hinter ihm angekommen sind, obwohl sie erheblich schnellere Bestzeiten in den Beinen haben: »Ich habe von dem langsamen Tempo profitiert. Während des ganzen Rennens wollte sich keiner auf ein schnelleres Tempo einlassen.« Der unvoreingenommene Leichtathletik-Freund stößt hier auf den Widerspruch: Es war also so, daß zum Beispiel der schnellere Stephane Franke nicht gewinnen konnte, weil das Rennen zu langsam war. Es schließt sich die banale Frage an: Warum ist er dann nicht einfach schneller gelaufen?

Die Antwort ergibt sich aus dem besonders eigenwilligen Charakter der 10000-

Wahrsager: Abel Anton

Abel Anton (Spanien), geboren am 24. Oktober 1962 in Ojoel. Maße: 1,79 m, 63 kg. Größte Erfolge: Europacup-Sieger 1987; über 5000 Meter: Olympia-Achter 1992.
Champion-Spruch: »Erst 50 Meter vor dem Ziel wußte ich, daß der Sieg mir gehören würde.«

Der Marathonmann: Martin Fiz

Martin Fiz (Spanien), geboren am 3. März 1963. Maße: 1,67 m, 56 kg. Größte Erfolge: Sieg im Helsinki-City-Marathon 1993. Champion-Spruch: »Die ganze Vorbereitung zielte nur auf dieses eine Rennen ab.«

Meter-Strecke, die neben strammen Beinen, guter Kondition, Übersicht, taktischem Geschick und einem verläßlichen Instinkt auch noch Sinn für kollektives Zusammenspiel voraussetzt. Das Problem ist: Gewinnen will jeder für sich allein, aber die Möglichkeit dazu ergibt sich auf dieser Distanz am ehesten über kluge Teamarbeit zur Not mit einem Konkurrenten. Stephane Franke (30), Vierter der Weltmeisterschaften von Stuttgart und nach Anlaufschwierigkeiten zu Beginn der Saison nun pünktlich zur EM blendend in Form, spielte Lokomotive, aber es zog mit Ausnahme des Italieners Francesco Panetta (Franke: »Wir hatten das abgesprochen«) keiner mit. Panetta stieg vorzeitig erschöpft aus – und Franke war es leid, »die ganze Führungsarbeit alleine zu leisten. Niemand half mir.« Isabelle Baumann konnte die letzten Meter gar nicht mehr mit ansehen. »Stephane hatte die Option, hier auch gewinnen zu können. So gesehen wäre es für ihn eine Katastrophe gewesen, wenn er Vierter geworden wäre.« Der Marketing-Fachmann Franke präsentierte sich am Tag danach als munterer Medaillengewinner und bemühte sich, nicht über »Was-wäre-gewesen-wenn«-Philosophien zu grübeln. Franke: »Ich habe mir nichts vorzuwerfen. Ich bin hierhergekommen, um eine Medaille zu gewinnen.« Alles versucht, alles gegeben: »Am Schluß war der Benzintank leer.«

Um die zeitlichen Abläufe klarzustellen: Der 10000-Meter-Lauf fand am ersten, der 5000-Meter-Lauf am letzten Tag der Titelkämpfe statt. In der Mitte der Wettkampfwoche fühlte sich Franke wieder fit genug – für seine Entscheidung, die Paradestrecke des Ehemanns seiner Trainerin ebenfalls unter die Füße zu nehmen.

10 000 m Männer

Finale am 7. 8. 1994

1. Abel Anton (Spanien) 28:06,03
2. Vincent Rousseau (Belgien) 28:06,63
3. Stephane Franke (Kornwestheim) 28:07,95

Männer: Marathon

Spanische Männerwirtschaft

Daheim bei Harri Hänninen steht eine Tretmühle in der Garage. Er hatte sie sich gekauft, um im Winter, wenn es draußen rutschig und eisig ist, ungefährdet und unabhängig von frostigen finnischen Klima-Kapriolen trainieren zu können. Der Applaus der finnischen Läufer-Fans trieb ihn vorwärts und vorwärts – aber die

Der Sieger wartet schon: Landsmannschaftliche Verbundenheit demonstrierten die Spanier auch im Marathon der Männer. Hier empfängt der Sieger Martin Fiz den Zweitplazierten Diego Garcia mit offenen Armen.

Tretmühle einer Meisterschaft ist härter als jene in der Garage, und die Konkurrenz war stärker: Am Ende blieb dem 30jährigen Lokalmatador Platz acht im Marathon um die Europameisterschaft.
Gegen die spanische Männerwirtschaft kam beim Griff in die Medaillenkasse auch kein anderer zum Zug: Martin Fiz, Diego Garcia und Alberto Juzdado gewannen im Gänsemarsch Gold, Silber und Bronze und sangen stolz die spanische Hymne auf die Mannschaftsleistung. Diego Garcia: »Wir haben drei Monate lang gemeinsam sehr hart trainiert. Wir wußten, daß wir stark sein würden – aber mit allen drei Medaillen hatten wir nicht gerechnet.«
Martin Fiz fühlte sich auf dem Kurs wie zu Hause: Als Vorbereitung auf die Europameisterschaften absolvierte er 1993 in der finnischen Metropole den allerersten Marathon seiner sportlichen Laufbahn, um Klima- und Streckenbedingungen am eigenen Leib zu erfahren. Es war eine gute Erfahrung: Fiz gewann 1993 den Helsinki-City-Marathon – und wurde prompt 1994 Europameister. Die Taktik des Teams ging auf: Garcia bestimmte das Tempo und führte das Trio vom Feld weg. Alberto Juzdado mußte aufpassen, daß der britische Verfolger Richard Nerurkar nur nicht zu nahe kam. Fiz spielte am Ende die schönste Rolle: »Nach 30 Kilometern konnte jeder von uns dreien gewinnen – ich war eben dann der Beste.«
Auch im DLV-Team machte ein Trio gemeinsame Sache – nur nicht so weit vorne: Bester deutscher Marathon-Mann war der Germaringer Konrad Dobler auf Rang 14 vor Kurt Stenzel (Fürth) auf Platz 15 und dem Berliner Rainer Wachenbrunner auf Rang 19.

Marathon Männer

Finale am 14. 8. 1994

1. Martin Fiz (Spanien) 2:10:31
2. Diego Garcia (Spanien) 2:10:46
3. Alberto Juzdado (Spanien) 2:11:18

Männer: 20 und 50 km Gehen

Geh-Weg zum Gold

Sie nehmen es wörtlich mit dem Geh-Weg zum Gold – und falls nicht, werden sie disqualifiziert: Zwei Russen dominierten beide Geher-Wettbewerbe der Männer. Über 20 Kilometer gewann der Vize-Weltmeister von 1991, Michail Schtschennikow, nach 1:18:45 Stunden vor dem Weißrussen Jewgeni Misjulja, der mehr zurück als nach vorne schaute. Der 20jährige WM-Fünfte von 1993: »Ich wußte, daß ich gegen Michail keine Chance hatte, deswegen versuchte ich einfach nur, mir eine der beiden anderen Medaillen zu sichern.« Bronzemedaillengewinner Valentin Massana (Spanien) drohte nach zwei Verwarnungen (Laufschritt verboten!) das Aus auf der Strecke: »Ich mußte deswegen ganz vorsichtig gehen.«
Über 50 Kilometer freute sich der Russe Waleri Spitsyn nach 3:41:07 Stunden auf der Strecke über eine neue persönliche Bestzeit – und natürlich noch viel mehr über »meine erste Goldmedaille in einem so bedeutenden Wettbewerb«. Der 28jährige Olympiavierte von Barcelona gewann bei idealen Bedingungen vor dem Franzosen Thierry Toutain und dem Italiener Giovanni Perricelli. Bester deutscher Geher war Axel Noack (Berlin) als Zehnter über 50 Kilometer.

20 km Gehen Männer

Finale am 8. 8. 1994

1. Michail Schtschennikow (Rußland) 1:18:45
2. Jewgeni Misjulja (Weißrußland) 1:19:22
3. Valentin Massana (Spanien) 1:20:33

50 km Gehen Männer

Finale am 13. 8. 1994

1. Waleri Spitsyn (Rußland) 3:41:07
2. Thierry Toutain (Frankreich) 3:43:52
3. Giovanni Perricelli (Italien) 3:43:55

Viele Wege führen zum Ziel: Waleri Spitsyn (Rußland), Gold über 50 km Gehen der Männer.

Gut zu Fuß: Michail Schtschennikow
Michail Schtschennikow (Rußland), geboren am 24. Dezember 1967 in Swerdlowsk. Maße: 1,82 m, 70 kg. Größte Erfolge: Vize-Weltmeister 1991, Weltcup-Sieger 1991.
Champion-Spruch: »Im Training gehe ich zwischen 300 und 600 Kilometer pro Monat.«

Schritt für Schritt: Waleri Spitsyn
Waleri Spitsyn (Rußland), geboren am 5. Dezember 1965 in Magnitogorsk. Maße: 1,78 m, 67 kg. Größte Erfolge: 1992 Olympia-Vierter, 1993 WM-Dritter.
Champion-Spruch: »Ich hatte mir vorgenommen, das Rennen auf den ersten 20 Kilometern locker anzugehen, um dann zu sehen, was möglich ist. Bei Kilometer 30 fiel die Entscheidung, bei Kilometer 40 war ich mir des Sieges sicher.«

Im Kreis der Weltelite: Florian Schwarthoff neben Colin Jackson – Silber und Gold über 110 Meter Hürden.

Männer: Hürdenläufe

Männer: 110 m Hürden

Schwarthoffs silberne Spur

Der Morgen danach ist immer der schwerste. Mike Fenner sollte den Hürden-Endlauf des Vorabends fachlich analysieren und kommentieren. Er räusperte sich, drückte den Knopf am Mikrofon und setzte zur Expertise an wie ein Politiker nach einem erfolgreich absolvierten Rhetorikseminar. »Also, nachdem wir die ganze Sache überschlafen haben…« Kurze Atempause, Seitenblick zu Claude Edorh – »…oder auch nicht…« Alles lachte. Er hatte ja recht. Nach so einem Lauf gab es zunächst einmal nichts zu analysieren, sondern nur zu feiern: Florian Schwarthoff (13,16 Sekunden) war hinter dem britischen Topfavoriten Colin Jackson (13,08) Vize-Europameister geworden. Und in der silbernen Spur des Heppenheimers zog es den Kölner Claude Edorh auf einen sensationellen vierten und den Berliner Mike Fenner auf einen hervorragenden fünften Platz.

Drei Deutsche und zwei Engländer belegten die ersten Plätze in diesem Endlauf. Bronze gewann in 13,23 Sekunden Vize-Weltmeister Tony Jarrett (25). Das mit großer Spannung erwartete Duell des Titelverteidigers und Weltmeisters Colin Jackson mit Olympiasieger Mark McKoy fiel aus: Der ehemalige Kanadier mit Wohnsitz in Linz – er ist mit einer Österreicherin verheiratet – bekam kurz vor den Europameisterschaften den österreichischen Paß. Der 32jährige gewann in 13,50 Sekunden seinen Vorlauf im Mannschaftstrikot seiner neuen Heimat – verabschiedete sich aber schon vor dem Halbfinale mit Hinweis auf eine schmerzende Leistenzerrung.

Colin Jackson: an ihm kam keiner vorbei

Es ist müßig, einen noch so guten Weltklasseläufer in ein Feld hineinzuspekulieren, in dem er nicht gestartet ist. Die Show hatte genügend Hauptdarsteller: Colin Jackson (27) war der erwartet souveräne Sieger. Dahinter flog Florian Schwarthoff – mit 2,01 Meter der Längste im Feld – diesmal unbeirrt von allem, was neben ihm geschah, dem Ziel entgegen und sah nicht, wie hinter ihm der 22jährige Claude Edorh mit einem Purzelbaum jenseits der rettenden Linie die persönliche Bestzeit (13,41) und den vierten Platz wie einen Sieg feierte.

Fenner (23) und der fröhliche Edorh tanzten Ringelreihen, Jackson zog zur Ehrenrunde im Pulk der Kamerateams und Fotografen los – und Florian Schwarthoff ging langsam zurück an der Haupttribüne entlang. So freut sich einer, der das Herz nicht auf der Zunge trägt. Aber das macht das Glück nicht kleiner: Der 26 Jahre alte Architekturstudent hat lange, engagiert und intensiv an den Bauplänen seiner Karriere gezeichnet und nun konnte er endlich sagen: »Die Rechnung ist aufgegangen.«

Schwarthoff: Fünfter 1992 bei den Olympischen Spielen in Barcelona, Fünfter 1993

Ökonom: Colin Jackson

Colin Jackson (Großbritannien), geboren am 18. Februar 1967 in Cardiff. Maße: 1,82 m, 73 kg. Größte Erfolge: 1988 Olympia-Zweiter, 1987 WM-Dritter, 1993 Weltmeister, 1990 Europameister. Champion-Spruch: »Ich bin nicht unter 13 Sekunden gelaufen, weil es hier sowieso kein Geld gibt.«

bei den Weltmeisterschaften in Stuttgart – stets zu den Besten gehörend, stets von Erwartungen begleitet, die nach Edelmetall schrien und dem großen Talent den Lohn abverlangten. Selig fühlte er das Silber und wußte, daß er es sich redlich verdient hatte: »Ich habe aus den Fehlern der letzten Jahre gelernt. Ich habe mich ganz auf meine Bahn konzentriert. Alles lief perfekt.«

Tony Jarrett war ein guter Verlierer. Neidlos anerkannte der die Topleistung des Deutschen: »Es gibt keine Entschuldigung für mich. Ich konnte das Rennen einfach nicht mehr herumreißen.« Die drei deutschen Hürdensprinter haben ihrem Hürden-Bundestrainer Frank Hensel ein schönes Abschiedsgeschenk beschert. Hensel, der als Leistungssportchef im Deutschen Leichtathletik-Verband restlos ausgelastet ist, übergibt seinem Nachfolger Uwe Hakus eine intakte Hürden-Truppe, die Hindernisse gemeinsam zu nehmen gewöhnt ist. Zu diesem Thema fand Mike Fenner übrigens doch noch die richtigen Worte an jenem Morgen danach. Das Erfolgsrezept: »Wir sind zu einer guten Gruppe zusammengewachsen und gehen uns bei Wettkämpfen nicht aus dem Weg. Wir sind oft gemeinsam im Trainingslager und tauschen Trainingsmethoden und Erkenntnisse sehr vertrauensvoll aus. Wenn man dann noch Leute wie Florian Schwarthoff dabei hat, die in der absoluten Weltspitze sind, dann motiviert das zusätzlich.«

110 m Hürden Männer

Finale am 12. 8. 1994

1. Colin Jackson (Großbritannien) 13,08
2. Florian Schwarthoff (Heppenheim) 13,16
3. Tony Jarrett (Großbritannien) 13,23

Keine Hürde zu hoch: Der Heppenheimer Florian Schwarthoff wußte sie alle richtig zu nehmen – und sicherte sich damit die Silbermedaille.

Als Fünfter im Ziel: Edgar Itt aus Gelnhausen.

Männer: 400 Meter Hürden

Edgar Itt: Über neue Werte zu alten Zielen

Hochleistungssportler erfahren fast alle irgendwann, was Leiden heißt. Viele vergessen den Schmerz, wenn Siege die alten Wunden heilen. Einige wenige aber lernen wie Edgar Itt, auf dem beschwerlichen Weg aus den Tiefs heraus etwas zu schätzen, was heutzutage oft als Begriff aus einem Duden mit abgelaufenem Verfallsdatum belächelt wird: Demut. Demut vor der Verletzlichkeit und der Kraft des eigenen Körpers. Respekt vor einer Schöpfung, mit der Menschen so leichtfertig umgehen.

Der Gelnhausener Hürdenläufer Edgar Itt ist im Finale der 400 Meter Hürden in Helsinki in 49,11 Sekunden Fünfter geworden – und trotzdem steht er und nicht der Sieger Oleg Twerdochleb (Ukraine) oder die beiden anderen Medaillengewinner Sven Nylander (Schweden), Silber in 48,22 Sekunden und Stephane Diagana (Frankreich), Bronze in 48,23, im Mittelpunkt dieser Geschichte. Da mag sich der Verdacht aufdrängen, daß man das Wissen um Edgar Itts Gottesglaube als auffällige Schlagzeile mißbrauchen möchte. Wie verdreht die Welt doch ist: In einer christlichen Gesellschaft ist es also etwas Außergewöhnliches, wenn einer sich als Christ bekennt. Rücken wir es gerade: Der Hürdenlauf des Edgar Itt durchs Leben beschreibt keine göttliche, sondern eine irdische Geschichte. 1990 nach den Europameisterschaften in Split wucherte eine zunächst scheinbar harmlose Fußverletzung zu einer qualvoll schmerzenden Entzündung in den Sprunggelenken aus. Er, der schnell laufen wollte, konnte kaum noch gehen: »Damals«, so Itt, »zerbrach eine Welt für mich.« Es dauerte Jahre, bis er sie sich wieder aufgebaut hatte. Geholfen haben ihm die Erfahrung und die Lebensphilosophie Ella und Harald Schmids (fünffacher Europameister) als Trainer und Berater.

Als der 27jährige nach seinem fünften Platz in Helsinki zwar manche heimliche Medaillenhoffnungen enttäuscht hatte, aber mit seiner Leistung dennoch hochzufrieden sein konnte, analysierte er präzise Lauf und Zeit (49,11 Sekunden): »Ich habe zwei, drei Fehler gemacht, bin zu langsam angegangen. Und was man vorne nicht gewinnt, kann man hinten nicht mehr aufho-

Rekordlauf: Oleg Twerdochleb

Oleg Twerdochleb (Ukraine), geboren am 3. November 1969 in Dnjepropetrowsk. Maße: 1,84 m, 70 kg. Größte Erfolge: 1992 Olympia-Sechster, 1993 WM-Vierter und Europacup-Sieger. Champion-Spruch: »Sie können sich vorstellen, wie glücklich ich über den neuen Landesrekord bin – und ich glaube, ich kann noch schneller…«

400 m Hürden Männer

Finale am 10.8.1994

1. Oleg Twerdochleb (Ukraine) 48,06
2. Sven Nylander (Schweden) 48,22
3. Stephane Diagana (Frankreich) 48,23

Überraschungssieger: Den Ukrainer Oleg Twerdochleb hatten nur wenige Experten auf ihrer Rechnung für die 400 Meter Hürden der Männer.

len.« Er staunte über die Siegerzeit von Europameister Twerdochleb – und teilte damit übrigens die Verwunderung mit dem Betroffenen, der die siebte Hürde touchiert hatte und ins Straucheln geraten war. Dennoch lief der Ukrainer neuen Landesrekord und sagte: »Ich hatte ziemliche Probleme und war froh, überhaupt ins Ziel gekommen zu sein.«

Daß Edgar Itt engagiertes Mitglied im Christlichen Zentrum in Frankfurt ist, daß er in einem kleinen Appartement auf einem alten Gutshof mitten in einem Natur-Paradies sein Nest gebaut und durch seine Lebenskrise »den Weg zu Gott gefunden« hat, war kein Thema am Tag nach dem Lauf. Aber es sind bemerkenswerte Hinweise für eine Erkenntnis, die zum Nachdenken anregt: Edgar Itt hat nicht seine Ziele, sondern seine Werte verändert. Und über die neuen Werte sind die alten Ziele wieder ganz nahe gerückt.

Männer: 3000 m Hindernis

Der gefallene Europameister

Die Geschichte dieses Rennens hat einen Helden, der kein Sieger wurde – und einen Gewinner, der als gefallener Europameister gefeiert wurde. Klingt kompliziert, ist aber wahr – und das liegt daran, daß die Akteure die Bezeichnung »Hindernislauf« über die 3000 Meter ins Finale ganz besonders wörtlich nahmen. Der Italiener Alessandro Lambruschini ging zusammen mit seinem Landsmann Angelo Carosi mit klaren Medaillenambitionen auf die Strecke, aber dann stürzte der Weltmeisterschaftsdritte in der zweiten Runde hinter der Hürde. Aus der Traum? Von wegen: Denn dann rückte der alte Fuchs Francesco Panetta in eine Hauptrolle: Der 31jährige Italiener führte seinen gefallenen Landsmann im Windschatten behutsam an die Spitze des nicht sonderlich schnell dahinrennenden Feldes zurück. Die eigene Kraft blieb dabei auf der Strecke. Panetta wurde Achter. Aber Lambruschini gewann in einem Endspurt gegen Kollege Carosi und widmete dem Helfer den Titel: »Mein ganzer Dank für diese Goldmedaille gehört Panetta, der mich aufhob, als ich stürzte, und mich in den Rhythmus des Rennens zurückführte.« Carosi haderte nicht um den entgangenen Titel, sondern freute sich über Silber am »schönsten Tag meines Lebens«. Die Bronzemedaille, die Kim Bauermeister im Auge hatte, gehörte am Ende dem Belgier William van Dijck. Auch der 23 Jahre alte Stuttgarter kam über einem Hindernis böse zu Fall, rappelte sich wieder auf und stürmte dem Feld hinterher. Aber er hatte keinen Panetta zur Seite und so blieb ihm am Ende Rang neun. Bauermeister, Schützling von Trainerin Isabelle Baumann und in der Halle amtierender Europameister über 3000 Meter: »Vielleicht habe ich mich zu sehr auf den dritten Platz konzentriert und dabei die Hindernisse vergessen.«

Ohne den verletzten Olympia-Fünften Steffen Brand (Ermüdungsbruch im Beckenbereich) aus Leverkusen, nahm aus dem deutschen Hindernisteam nur der Erfurter Martin Strege die EM-Hürden erfolgreich ohne Stolperer: Als Sechster in 8:26,36 Minuten war er der beste DLV-Läufer.

3000 m Hindernis Männer

Finale am 12.8.1994

1. Alessandro Lambruschini (Italien) 8:22,40
2. Angelo Carosi (Italien) 8:23,53
3. William van Dijck (Belgien) 8:24,86

Fall-Beispiel: Alessandro Lambruschini

Alessandro Lambruschini (Italien), geboren am 7. Januar 1965 in Fucecchio.
Maße: 1,78 m, 63 kg.
Größte Erfolge: 1988 und 1992 Olympia-Vierter, 1989 und 1991 Europacup-Sieger, 1990 EM-Dritter, 1993 WM-Dritter.
Champion-Spruch: »Dies ist mein erster großer Sieg, aber all mein Dank für dieses Gold gehört Panetta.«

Männer: Sprungdisziplinen

Bis unter die Wolken: Auch ohne den überragenden Superstar Sergej Bubka war der Stabhochsprungwettbewerb in Helsinki sehenswert.

Magische Grenze: Als einziger Stabhochsprungteilnehmer schaffte der Russe Rodion Gataullin in Helsinki die sechs Meter – und kürte sich damit zum Europameister.

nicht. Wo das Risiko ohnehin nicht mit Bargeld belohnt wird, und ein möglicher Absturz auch noch einen großen Imageverlust bedeuten würde, tritt der Ausnahmekönner nicht an.

Bis auf einen waren alle da

Die Antwort auf die Frage nach dem Fehlen Bubkas gab Stunden später der Russe Rodion Gataullin auf durchaus beeindruckende Art und Weise: Im zweiten Versuch katapultierte sich der 28jährige Titelverteidiger über die magische Marke von sechs Metern und gewann nach Split 1990 zum zweiten Mal EM-Gold vor seinem Landsmann Igor Trandenkow (5,90 m) und dem Franzosen Jean Galfione (5,85 m). Zum siebten Mal überwand Gataullin diese Höhe – aber nie zuvor so deutlich und so eindrucksvoll: Es war ein Genuß-Sprung für Leichtathletik-Ästheten. Die Diagnose des ausgebildeten Arztes Gataullin fiel entsprechend aus: »Seit drei Jahren warte ich auf dieses Ergebnis und diesen Tag. Die Bedingungen waren hervorragend, nur die drehenden Winde behinderten mich ein wenig.« Und dann schickte er noch schöne Grüße an Bubka: »Ich denke, dies war einer der besten Stabhochsprung-Wettbewerbe überhaupt: neun Springer über 5,70 Meter. Ich bin glücklich und zufrieden – bis auf einen waren alle da…«

Zu den von Gataullin genannten 5,70-Meter-Springern gehörte auch Andrej Tiwontschik auf Rang sechs. Der 24 Jahre alte gebürtige Weißrusse aus Minsk erfreute den Verband in seiner neuen Heimat Deutschland mit einem beachtlichen Debüt: Am 22. Juli erhielt Tiwontschik nach seinem Umzug nach Zweibrücken ins Saarland einen deutschen Paß, bedankte sich prompt beim Sportfest in Rhede mit dem neuen deutschen Rekord von 5,71 Metern und bestätigte die Leistung auf internationalem Terrain. Die 5,80 waren noch ein paar Zentimeter zu hoch, aber der Versuch stand für ein Versprechen. Tiwontschik: »Mein Ziel sind die sechs Meter – möglichst in Atlanta…«

Grubenglück: Ivailo Mladenow

Ivailo Mladenow (Bulgarien), geboren am 6. Oktober 1973 in Vratza. Maße: 1,83 m, 68 kg. Größte Erfolge: 1993 WM-Fünfter. Champion-Spruch: »Ich glaube, ich bin der unglücklichste Weitspringer der Saison.«

Hallo wach: Denis Kapustin

Denis Kapustin (Rußland), geboren am 5. Oktober 1970 in Kazan, Maße: 1,89 m, 86 kg. Größte Erfolge: 1993 WM-Sechster. Champion-Spruch: »Während der ersten drei Sprünge war ich unheimlich müde.«

Stabhochsprung Männer

Finale am 11.8.1994

1. Rodion Gataullin (Rußland) 6,00
2. Igor Trandenkow (Rußland) 5,90
3. Jean Galfione (Frankreich) 5,85

Männer: Weitsprung

Von Glückspilzen und Pechvögeln

Der Glückspilz haderte mit dem Schicksal und beklagte sein Pech: »Ich denke«, so der neue Europameister Ivailo Mladenow, »ich bin der unglücklichste Weitspringer dieser Saison. Die erste Verletzung kam im März, die zweite im Mai und die dritte kurz vor dieser Meisterschaft – und immer im rechten Fuß.« Im Sandkasten von Helsinki schürfte er dennoch Gold: Mit 8,09 Metern gewann der Bulgare den Titel vor dem Tschechen Milan Gombala (8,04) und dem Griechen Konstantinos Koukodimos (8,01) und grinste: »Meine Spezialität ist der letzte Versuch.«

Der Pechvogel haderte mit dem Schicksal, weil er das Glück gar nicht gebraucht hätte, wäre er nur gesund gewesen: Dietmar Haaf begrub seinen Traum von der Titelverteidigung schon in der Qualifikation im Sand: 7,55 Meter als beste Weite reichten bei weitem nicht für die Finalteilnahme. »Ich konnte mich überhaupt nicht abdrücken«, erzählte der 27jährige Kornwestheimer und berichtete, daß der Arzt noch tags zuvor jede Menge Flüssigkeit beim Punktieren seines Fußes aus dem verletzten Gelenk abgesaugt hatte. Der Athlet konnte sich wieder seiner Maschinenbau-Diplomarbeit widmen, an der er übrigens schon in den Tagen vor dem Wettbewerb gearbeitet hatte – und Heimtrainer Alfred Rapp mußte notgedrungen auf die erhoffte Medaille zu seinem Geburtstag verzichten. Bundestrainer Hansjörg Holzamer hatte freilich noch nicht einmal Geburtstag als Anlaß zum Feiern: Der Heppenheimer Christian Thomas scheiterte ebenfalls in der Qualifikation (7,66 m) und dessen Vereinskollege Georg Ackermann erntete als Zwölfter und Letzter des Endkampfs mit 7,70 Metern auch keine Früchte.

Weitsprung Männer

Finale am 10. 8. 1994

1. Ivailo Mladenow (Bulgarien) 8,09
2. Milan Gombala (Tschechische Republik) 8,04
3. Konstandinos Koukodimos (Griechenland) 8,01

Männer: Dreisprung

Kapustin so weit wie noch nie

Erst flog der lange Kerl in den Sand und dann das Hemd auf die Tribüne: Denis Kapustin jubelte schon, bevor auf der Anzeigentafel 17,62 Meter aufleuchteten und obwohl er noch einige Konkurrenten abwarten mußte, bis die Weite ihm Gold bescherte: Zuerst feierte er die persönliche Bestleistung und dann den Europameistertitel. Es war sein letzter Versuch – und der erste im hellwachen Zustand. Der Russe: »Bei den ersten drei Sprüngen fühlte ich mich unheimlich müde. Ich habe erst am Ende des Wettbewerbs meinen Rhythmus gefunden – und das Ergebnis war fantastisch.« Der 23jährige träumt von einem Sprung über die bisher von keinem Athleten überwundene 18-Meter-Marke: Kapustin: »Ich wäre gerne der erste.« Der Franzose Serge Helan (30) erfreute seine Landsleute als Zweiter mit 17,55 Metern und einem neuen nationalen Rekord. Ein nachdenklicher Maris Bruziks spürte Blei in den Beinen und tröstete sich mit Bronze und 17,20 Metern über eine Erkenntnis hinweg. Der Lette: »Mehr als zehn Wettbewerbe vor den Meisterschaften waren einfach zuviel – aber Sie müssen wissen: Dreisprung ist mein Beruf.« Und das bedeutet: Genügend Geld ist in dieser Disziplin nur verdient, wenn man so oft wie möglich das Glück in der Grube sucht.

Dreisprung Männer

Finale am 13. 8. 1994

1. Denis Kapustin (Rußland) 17,62
2. Serge Helan (Frankreich) 17,55
3. Maris Bruziks (Lettland) 17,20

Abflug: Die deutsche Medaillenhoffnung Lars Riedel – in der Qualifikation des Diskuswerfens noch überragend – konnte am Endkampf dieses Wettbewerbs verletzungsbedingt nicht mehr teilnehmen.

Männer: Wurfdisziplinen

Männer: Diskuswerfen

60 Zentimeter fehlten zum großen Glück

Neue Zeitrechnung der Leichtathletik: Jürgen Schult aus Schwerin hält noch immer den Weltrekord im Diskuswerfen. In Helsinki lag er knapp zehn Meter dahinter – das reichte dennoch für Bronze.

Gemischte Gefühle (I): Wenn ein Athlet Olympiasieger (1988), Weltmeister (1987) und Europameister (1990) war, dann tut er sich verständlicherweise schwerer als andere, über eine Bronzemedaille bei Europameisterschaften in großen Jubel auszubrechen. Bei 64,18 Metern landete der beste Wurf des 34 Jahre alten Schweriners Jürgen Schult an diesem letzten Tag der Europameisterschaften im besten Versuch. Ein dritter Rang, ein Platz auf dem Treppchen immerhin – aber nur 60 Zentimeter von Gold entfernt. Man konnte es ihm ansehen: Gerne hätte er die gute Leistung des Tages herausgelöst aus dem Zusammenhang seiner über die Maßen erfolgreichen Karriere – aber das fiel ihm selbst schwerer als den applaudierenden Zuschauern. Er erzählte, wie schwierig es sei, in diesem Stadion den optimalen Wind zu erwischen, und der kleine Blumenstrauß in den mächtigen Händen des 1,93 Meter großen und 110 Kilo schweren Athleten wirkte so klein, daß er Schutz zu brauchen schien. Nein, das waren keine Entschuldigungen, nur Antworten auf Fragen. »Alle müssen da durch«, sagte er, »und am Ende ist der Beste vorn.« 20 Jahre Erfahrung im Ring und ein sicheres technisches Rüstzeug bewahren den angehenden Journalisten vor richtigen Rückschlägen, aber der große Wurf gelingt jedem nur, wenn Fortuna ein Stück mitfliegt. Schult zuckte mit den Schultern: »Ich hatte heute kein Glück.«

Routinier: Wladimir Dubrowschtschik

Wladimir Dubrowschtschik (Weißrußland), geboren am 7. Januar 1972 in Grodno, Maße: 1,93 m, 115 kg. Größte Erfolge: Weißrussischer Meister 1994. Champion-Spruch: »Ich bin zwar erst 22 Jahre alt, aber ich begann schon vor zehn Jahren mit Diskuswerfen.«

Neue Leichtathletik-Zeitrechnung

Gemischte Gefühle (II): Man kommt nicht umhin, der ewigen Bestenliste einen Seitenblick zu widmen. Jürgen Schult hält noch immer den Weltrekord in dieser Disziplin: 74,08 Meter, aufgestellt im Jahr 1986. Knapp zehn Meter lag er in Helsinki hinter dieser Marke und auch seine Jahresbestleistung vor der EM 1994 (66,08 Meter) war glatte acht Meter kürzer. Das klingt wie ein Vorwurf – aber man kann es auch umdrehen und sagen: Gut, daß zehn Meter weniger nach der neuen Leichtathletik-Zeitrechnung gut genug für Bronze waren.

64,78 Meter reichten für Gold – und darüber wiederum wunderte sich Schults Nachfolger auf dem EM-Thron. Der 22 Jahre alte Weißrusse Wladimir Dubrowschtschik gewann und sagte: »Ich hatte damit gerechnet, daß man mit so einer Weite bestenfalls Dritter oder Vierter werden könnte.« Mit einer Bestleistung von 65,80 Metern, daheim in Minsk zwei Wochen vor den Europameisterschaften erzielt, hatte er sich in den Kreis der Favoriten hineinkatapultiert – von wegen jung und unerfahren... Dubrowschtschik: »Ich habe schon vor zehn Jahren mit Diskuswerfen angefangen.« Ungeachtet dessen war der Sieg in Helsinki sein erster Meisterschaftserfolg von hohem Rang. Der zweitplazierte Russe Dmitri Schewtschenko war mit Silber und 64,56 Metern hochzufrieden: »Ich hatte keine Chance auf den ersten Platz. Wladimir war heute der Beste.«

Lars Riedel: Der Rücken spielte nicht mit

Gemischte Gefühle (III): Mit leeren Händen und schmerzendem Rücken fuhr der Mann nach Hause, dem die größten Chancen auf den Sieg eingeräumt worden waren. Der zweimalige Weltmeister Lars Riedel hatte sich im Training beim Anschwingen im Ring verletzt: Blockade der Brustwirbelsäule. Tagelang versuchten die Ärzte ihr Bestes – vergeblich. Die Qualifikation überstand der 27jährige Chemnitzer zwar noch gerade so mit 58,66 Metern. Beim Aufwärmen für den Endkampf brach Riedel das Unternehmen EM-Gold dann doch endgültig und schweren Herzens ab: »So hat es keinen Sinn.«

Diskuswerfen Männer

Finale am 14. 8. 1994

1. Wladimir Dubrowschtschik (Weißrußland) 64,78
2. Dmitri Schewtschenko (Rußland) 64,56
3. Jürgen Schult (Schwerin) 64,18

Männer: Hammerwerfen

Weis: Hauptsache eine Medaille

Verpackt in schwarze Radlerhosen, verliehen die kräftigen Oberschenkelmuskeln dem Mann den richtigen Antrieb: Heinz Weis gewann Bronze im Hammerwerfen – und zwar vor vielen Zuschauern in einem recht gut gefüllten Olympiastadion. Viel öfter müssen die schweren Jungs quasi unter Ausschluß der Öffentlichkeit ihrem Sport nachgehen, weil während ihres Auftritts im Stadion aus Sicherheitsgründen kaum ein anderer Wettbewerb möglich ist. Denn wo die 7,5 Kilo schwere Eisenkugel einschlägt, ist nicht gut sein. Deswegen sind viele Hammerwerfer gar nicht mehr daran gewöhnt, vor Publikum zu werfen. Heinz Weis: »Viele Werfer haben damit Probleme. Ich persönlich fand diese Atmosphäre sehr schön. Mir sind richtig Schauer über den Rücken gelaufen.« In der Qualifikation hatte der 30jährige Leverkusener mit 79,56 Metern die Bestweite vorgelegt und fand sich prompt sofort zum Favoriten gestempelt. Dann der Wettbewerb: Der erste Wurf ging neben den Rasen und trieb einen Kampfrichter in die Flucht, der vorletzte flog in die Maschen des Fangnetzes – aber die 78,48 Meter aus dem vierten Versuch bescherten Heinz Weis Bronze. Keinen Millimeter ließ er sich von der Überzeugung abbringen, daß dieser Platz auf dem Treppchen ihn restlos glücklich mache, und so sah er auch aus: rundum zufrieden. »Ich habe meine Medaille, und das wollte ich. In Meisterschaften geht es um Medaillen und nicht um Weiten.«

Jederzeit bereit: Wassili Sidorenko

Wassili Sidorenko (Rußland), geboren am 1. Mai 1961 in Wolgograd. Maße: 1,87, 106 kg. Größte Erfolge: 1993 WM-Fünfter. Champion-Spruch: »Ich wollte das Finale gleich zu Beginn entscheiden, aber ich war auch bereit, den entscheidenden Wurf erst am Ende des Wettbewerbs zu machen.«

Die Schwerathleten der Leichtathletik: Wenn die Hammerwerfer das Treppchen erklimmen, wird es eng auf dem Siegerpodest. Von links nach rechts: Igor Astapkowitsch (Weißrußland), Wassili Sidorenko (Rußland) und Heinz Weis (Leverkusen).

Rechte Seite, linkes Bild: Fast nur Zuschauer bei der Entscheidung um die Medaillenränge im Speerwerfen war der Deutsche Rainer Hecht. Von oben nach unten: Steve Backley (Großbritannien), Seppo Räty (Finnland) und Jan Zelezny (Tschechische Republik) holten sich Gold, Silber und Bronze im Speerwerfen der Männer.

Wie bei vielen, die ganz vorne mit dabei sind, ist auch der Weg des WM-Dritten von 1991 mit vielen Leiden gepflastert. Ein Sturz auf einer Treppe und eine schlimme Brustwirbelverletzung als Folge vereitelte zuletzt 1993 seinen Start bei den Weltmeisterschaften in Stuttgart und zwang ihn zu monatelanger Pause mit langsamer Rehabilitation und einem Jahr ohne Krafttraining. Erst im März 1994 konnte er wieder voll trainieren. So wird es verständlicher, wenn er sagt: »Ich bin froh, wieder da zu sein, wo ich bin.«

Silber und Gold in russischer Hand

Für eine Medaille mit edlerer Farbe hätte er über die 80-Meter-Marke hinauswerfen müssen: »Das war heute nicht drin.« So wurde mit 81,10 Metern der 33jährige Russe Wassili Sidorenko Europameister vor dem Weißrussen Igor Astapkowitsch mit 80,40 Metern. Der Dortmunder Karsten Kobs, mit gerade erst 22 Jahren ein junger Hüpfer unter reifen Schwerathleten, schlug sich prächtig und wurde mit 74,40 Metern Zehnter bei seinem ersten großen Meisterschafts-Start.

Heinz Weis, Winzersohn aus dem Mosel-Ort Leiwen und Student der Volkswirtschaft, saß nach dem Wettbewerb auf einer Bank im Stadionausgang vor einer ganzen Traube von Berichterstattern, und die Worte flossen wie hochwertiger Wein. Manchmal merkte er, daß die Schreiber so schnell gar nicht notieren konnten, wie er sprach – dann lachte er und sagte: »Mensch, jetzt habe ich schon wieder viel zuviel geredet.«

Aber nur zu: Das neu gegründete Wurfteam kann auf der Suche nach Sponsoren und öffentlicher Resonanz so einen fixen Plauderer sehr gut gebrauchen. Außerdem hat er etwas zu sagen. Weis ist beispielsweise einer der wenigen Athleten, der Doping in seiner Disziplin thematisiert. Schon optisch als Prototypen für Anabolika-Käufer hingestellt, sieht er seinen Sport »in seiner Existenz bedroht und diskriminiert«. Weis: »Wir wollen nicht wie die Dinosaurier von der Bildfläche verschwinden.« Er vertritt die offensive Linie des Deutschen Leichtathletik-Verbandes im Kampf gegen Doping und ist überzeugt: »Die deutschen Spitzenathleten sind sauber.« Nur müsse jetzt dringend für »internationale Chancengleichheit gesorgt werden«.

Kugelsicher: Alexander Klimenkow

Alexander Klimenkow (Ukraine), geboren am 27. März 1970 in Kiew. Maße: 1,94 m, 115 kg. Größte Erfolge: 1991 WM-Dritter. Champion-Spruch: »Auch wenn drei von uns vorne sind: Ich bin heute nicht ukrainischer Meister geworden, sondern Europameister.«

Familienkonflikt: Steve Backley

Steve Backley (Großbritannien), geboren am 12. September 1969 in Sidcup. Maße: 1,96 m, 95 kg. Größte Erfolge: 1992 Olympia-Dritter, 1990 Europameister. Champion-Spruch (nach dem Sieg über den Finnen Räty): »Ich habe eine finnische Freundin, aber ihren Namen sage ich Ihnen jetzt lieber nicht.«

Hammerwerfen Männer

Finale am 11.8.1994

1. Wassili Sidorenko (Rußland) 81,10
2. Igor Astapkowitsch (Weißrußland) 80,40
3. Heinz Weis (Leverkusen) 78,48

Männer: Kugelstoßen

Ukrainisches Triumvirat

Sie verstanden sich blendend, die drei auf dem Treppchen. Dafür sorgte schon die gemeinsame Landessprache: Mit Alexander Klimenkow (20,78 Meter), Alexander Bagatsch (20,34) und Roman Wirastjuk (19,59) eroberte die Ukraine sämtliche Medaillenplätze im Kugelstoßen, wobei die Finnen heftig an der bronzenen Sprosse rüttelten: Gerade sieben Zentimeter fehlten Mika Halvan und acht Markus Koistinen zum dritten Platz. Oliver-Sven Buder schüttelte nur ratlos den Kopf: Der Vize-Europameister von 1990 schied mit 18,41 Metern ebenso in der Qualifikation aus wie sein Wattenscheider Kollege Jonny Reinhardt (18,33). Anstelle der erfahrenen Recken stieß der 24jährige Leverkusener Thorsten Herbrand ins Elitefeld vor und wurde mit 19,10 Metern Neunter.

Kugelstoßen Männer

Finale am 13.8.1994

1. Alexander Klimenkow (Ukraine) 20,78
2. Alexander Bagatsch (Ukraine) 20,34
3. Roman Wirastjuk (Ukraine) 19,59

Männer: Speerwerfen

Räty ratlos: War Silber gut genug?

Die besondere Liebe der Finnen zum Speerwerfen, und die Leidenschaft, mit der sie ihre Athleten in dieser Disziplin anfeuern, stellte in Helsinki die Leichtathletik-Hierarchie auf den Kopf: Die Entscheidung im Speerwerfen der Männer füllte das Olympiastadion erstmals bis zum letzten Platz – und die gleichzeitig stattfindenden Sprint-Finals, die in jeder anderen Arena der Welt funkelnde Höhepunkte sind, gerieten ins Rahmenprogramm. Seppo Räty trug alle glühenden Erwartungen seiner Landsleute. Die Bürde war groß: Olympisches Silber (1992) und Bronze (1988), ein Weltmeistertitel (1987) und WM-Silber (1991) zwangen den 32jährigen nun vor heimischer Kulisse regelrecht ins Favoritenkostüm, obwohl seine frisch operierte Schulter soviel Last weder physisch noch psychisch aushalten konnte. Räty quälte sich mehr für sein Volk als für seinen Erfolg: »Der operierte Arm tat so weh, daß ich kaum den Speer halten konnte«, bekannte er – und wußte gar nicht genau, ob die Zuschauer seine Silbermedaille unter diesen Umständen genausosehr schätzen würden wie er selbst. Mit 82,90 Metern gewann er Silber hinter dem überragenden Briten Steve Backley (85,20) und vor Weltmeister und Olympiasieger Jan Zelezny (Tschechien), der mit seiner Serie so unzufrieden war, daß er von sich selbst sagte: »Ich habe diese Bronzemedaille nicht verdient.«

Speerwerfen Männer

Finale am 8.8.1994

1. Steve Backley (Großbritannien) 85,20
2. Seppo Räty (Finnland) 82,90
3. Jan Zelezny (Tschechische Republik) 82,58

adidas

Männer: Zehnkampf

Schrei, wenn du kannst. Stefan Schmid aus Karlstadt wurde als bester deutscher Zehnkämpfer Fünfter.

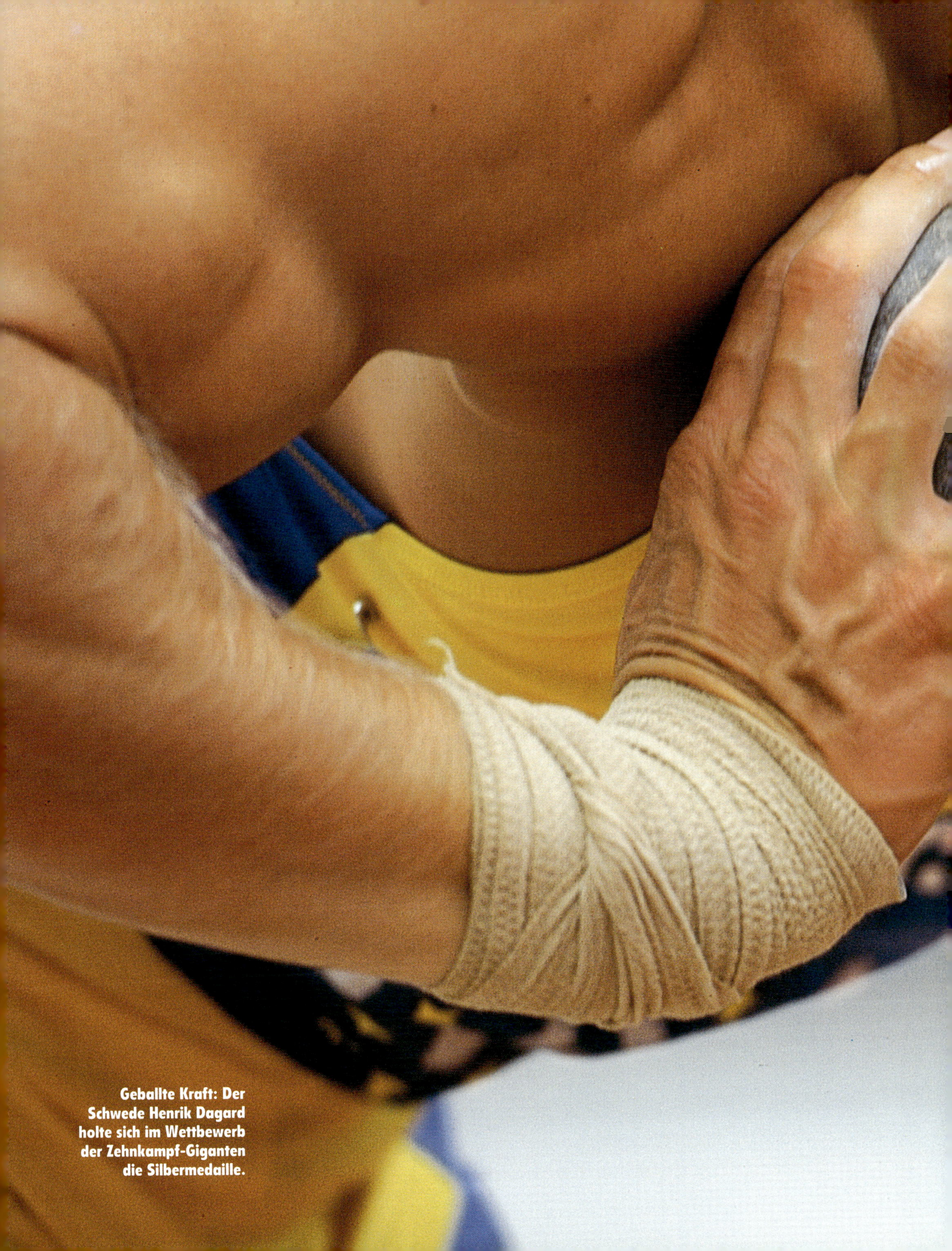

Geballte Kraft: Der Schwede Henrik Dagard holte sich im Wettbewerb der Zehnkampf-Giganten die Silbermedaille.

BARCLAYCA
229
HELSINKI

Bruchlandung: Bis zur sechsten Disziplin führte der 25 Jahre alte Weißrusse Eduard Hämäläinen im Zehnkampf. Doch dann wurden ihm die 110 Meter Hürden zum Verhängnis.

Männer: Zehnkampf

Blondel statt Hämäläinen – und die Sache mit der elften Disziplin

Dieser verflixte Zehnkampf birgt eine unsichtbare elfte Disziplin: die Ungewißheit. Sicher ist, daß nichts sicher ist. Als Eduard Hämäläinen morgens die Tasche für den zweiten Wettkampf-Tag packte, war darin genügend Platz für die Erfüllung aller Träume. Nach fünf Disziplinen führte der 25 Jahre alte Weißrusse die Seilschaft der Gipfelstürmer an und keiner hätte einen Groschen gegen seinen Sieg gesetzt. Und dann rempelte der haushohe Favorit am hellen Morgen gegen das allererste Hindernis auf der 110-Meter-Hürden-Strecke und stürzte mit all seinen Hoffnungen zu Boden. Die Fachleute wunderten sich, warum er nicht aufstand und weiterrannte, um im Wettbewerb zu bleiben und noch ein paar Punkte zu sammeln. Für eine Medaille hätte es vermutlich noch gereicht. Nur sagt sich das so leicht. Der Schreck war so groß, daß die Psyche sofort sämtliche Funktionen blockierte und verriegelte. Hämäläinen gab auf und räumte hinterher noch bleicher als gewöhnlich ein, daß er an die Möglichkeit weiterzumachen »überhaupt nicht gedacht« hat: »Ich war zu geschockt.«

Diesmal war es der Vize-Weltmeister, der von seinem Punktepotential (Bestmarke 8735) her in Europa keinen Gegner fürchten und doch eine alte Erfahrung neu machen mußte: Der Zehnkampf ist ein Abenteuer mit ungewissem Ausgang. Es ist jedes Mal eine neue Expedition mit neuen, anderen Bedingungen – und jedesmal beginnt sie bei null. Das ist eine faszinierende Erscheinung, die aber sehr bitter schmecken kann: Die deutschen Zehnkämpfer, in den vergangenen Jahren verwöhnt vom Erfolg als Lohn für harte Arbeit, spürten dies vor den Europameisterschaften in nie gekanntem Ausmaß. Die WM-Helden von Stuttgart '93 strauchelten allesamt an der Verletzlichkeit der strapazierten Körper schon vor den Titelkämpfen. Der WM-Dritte Paul Meier sagte nach einer Serie von Krankheiten (Muskelfaserriß, Oberschenkelzerrungen, Grippe, Infekte, Ischiasbeschwerden) im Juni resigniert ab, der ehemalige Olympiasieger und WM-Vierte Christian Schenk (Ischias) gab vor der EM seinen Rücktritt bekannt, Michael Kohnle mußte wegen einer Kapselverletzung in der rechten Hand passen, und Torsten Voss scheiterte bei der letzten Qualifikation an den verknoteten Nerven. Wer alles will, verliert oft alles.

Eine Lehre, die den neuen Europameister auf den richtigen Pfad führte.

Alain Blondel bleibt gelassen

Wenn sich die Chance bietet, muß man gelassen bleiben. Achter war Alain Blondel bei Halbzeit, als Hämäläinen das Mißgeschick passierte. Zehn Stunden später stand der Franzose auf dem Gipfel: 8452 Punkte klaubte er insgesamt zusammen und fühlte sich dort oben auf dem Treppchen, als stünde er auf dem Montblanc. »Seit 1986 habe ich an allen wichtigen Meisterschaften teilgenommen«, blickte der Computerfachmann auf die Zahlenbilanz seiner Karriere zurück, »ohne einen einzigen nennenswerten Erfolg.« Die Analyse vor einem Jahr brachte den entscheidenden Wandel: »Ich habe mir immer zuviel Streß gemacht. Seit 1992 gehe ich jeden Zehnkampf gelassener an.« Und voilà: Die Leichtigkeit des Seins ließ ihn leichtfüßiger klettern. Der 31jährige: »Ich dachte, ich schaue mir das Stabhochspringen an – und wenn ich dann eine Medaillenchance sehe, werde ich kämpfen.«

Der Stabhochsprung ist die drittletzte Disziplin: Der 31jährige schwang sich über 5,40 Meter und fuhr danach mit 60,64 Metern im Speerwerfen und in 4:20,48 Minuten über 1500 Meter die erste große Ernte seiner langen Laufbahn ein. Im März 1993 war Alain Blondel übrigens zum Vize-Präsidenten des Französischen Leichtathletik-Verbandes gewählt worden.

Der Schwede Henrik Dagard – mit seinen 25 Jahren der Aufsteiger der Saison – war bester Dinge mit seiner Silbermedaille, denn um sie zu gewinnen, mußte er mit 8362 Punkten eine neue persönliche Bestleistung aufstellen. Dagard: »Das bedeutete einen neuen schwedischen Rekord. Ich bin sehr zufrieden, aber ich glaube, ich kann noch besser werden.« Bronze gewann der Ukrainer Lew Lobodin (25). Er

Spätzünder: Alain Blondel

Alain Blondel (Frankreich), geboren am 7. Dezember 1962 in Petit-Quevilly. Maße: 1,86 m, 80 kg. Größte Erfolge: 1993 WM-Fünfter, 1992 Olympia-Sechster, 1990 EM-Fünfter. Champion-Spruch: »Seit 1986 habe ich an allen wichtigen Meisterschaften teilgenommen – ohne einen einzigen bemerkenswerten Erfolg. Seit 1992 gehe ich Zehnkampf viel entspannter und entkrampfter an. Und siehe da…«

Zehnkampf Männer

Finale am 12./13.8.1994

1. Alain Blondel (Frankreich) 8452
   11,12 7,50 13,78 1,99 48,91 14,18
   45,08 5,40 60,64 4:20,48
2. Henrik Dagard (Schweden) 8362
   10,69 7,45 14,93 1,93 46,71 14,15
   44,36 4,80 62,52 4:40,49
3. Lew Lobodin (Ukraine) 8201
   10,86 7,30 15,34 1,99 48,78 14,31
   45,50 5,00 50,14 4:31,80

(100 m/Weitsprung/Kugelstoßen/Hochsprung/400 m/110 m Hürden/Diskuswerfen/Stabhochsprung/Speerwerfen/1500 m)

lobte die Organisation im Stadion und das faire Publikum – aber ärgerte sich über sein schlechtes Speerwurf-Resultat (50,14 m). Dabei hatte er allen Grund zur Freude: 8201 Zähler bedeuteten nämlich auch für ihn Rekord.

Stefan Schmid stellt Weichen für die Zukunft

Zahlen, Fakten, Resultate. Das Durcheinander von Disziplinen, Weiten, Höhen, Zeiten und gegenzurechnenden Punkten sowie die unterschiedlichen Stärken und Schwächen fordern Beobachtern und Athleten alles ab – und gelegentlich treten Überraschungen zutage. Siehe Stefan Schmid: Der 24jährige Leverkusener schlich in Helsinki eineinhalb Tage lang schier unbemerkt durchs Labyrinth der Unwägbarkeiten, bis er zum Speerwerfen antrat und man sich plötzlich seiner Bestleistung von 69,98 Metern erinnerte. Während auf den Tribünen die elektronischen Rechner rasch eine ganz neue Bewertungsskala seiner Möglichkeiten austüftelten, segelte Schmids Speer auf die Tagesbestweite von 64,88 Metern hinaus. Plötzlich, so kurz vor dem Ziel in der vorletzten Disziplin, nahm der große Blonde aus Himmelsstadt gleich mehrere Sprossen der Punkteleiter auf einmal. Erst jetzt wurde einem so recht deutlich, daß der Sportstudent schon persönliche Bestleistungen über 100 Meter (10,87 Sekunden) und im Weitsprung (7,43 m) notiert hatte. Bei Bundestrainer Claus Marek erwachte das Barcelona-Gefühl, als Paul Meier bei Olympia mit Rang sechs für eine faustdicke Überraschung gesorgt hatte. Stefan Schmid wurde am Ende mit 8109 Punkten in Helsinki Fünfter – und Tribünengast Meier zollte dem Kollegen dickes Lob: »Eine sehr, sehr gute Leistung. Stefan hat hier die Weichen für die Zukunft gestellt.« Dirk-Achim Pajonk (Leverkusen) trug bei seinem ersten internationalen Zehnkampf trotz starker Knieschmerzen 7746 Punkte zusammen und wurde Dreizehnter. Thorsten Dauth (Heppenheim) hatte vorzeitig nach dem Hochsprung aufgeben müssen. Diagnose: Kapselverletzung im Sprungbein.

Schmid kennt es, Dauth kennt es, die Sieger und die Verlierer kennen es: Der Zehnkampf ist eine Zerreißprobe – und die elfte Disziplin ist unberechenbar.

Das Feld von hinten aufgerollt: Nach fünf Disziplinen war der Franzose Alain Blondel erst Achter – doch am Ende kürte er sich völlig überraschend zum Europameisterschafts-König der Leichtathletik.

Leichtathletik-EM 1994 in Helsinki

(7. bis 14. August)

FRAUEN

100 m

1. Irina Priwalowa (Rußland) 11,02
2. Shanna Tarnopolskaja (Ukraine) 11,10
3. Melanie Paschke (Braunschweig) 11,28
4. Anelia Nunewa (Bulgarien) 11,40
5. Nellie Cooman (Niederlande) 11,40
6. Petja Pendarewa (Bulgarien) 11,41
7. Sanna Hernesniemi (Finnland) 11,43
8. Marina Trandenkowa (Rußland) 11,52

Ausgeschieden im Semifinale: 7. Bettina Zipp (Schriesheim) 11,69

200 m

1. Irina Priwalowa (Rußland) 22,32
2. Shanna Tarnopolskaja (Ukraine) 22,77
3. Galina Maltschugina (Rußland) 22,90
4. Silke Knoll (Dortmund) 22,99
5. Maja Asaraschwili (Georgien) 23,01
6. Sanna Hernesniemi (Finnland) 23,24
7. Lucrecia Jardim (Portugal) 23,28
8. Slatka Georgiewa (Bulgarien) 23,46

Ausgeschieden im Semifinale: Silke Lichtenhagen (Leverkusen) 23,46; im Vorlauf: Birgit Rockmeier (LG Mittlere Isar) 23,89

4×100 m

1. Deutschland 42,90 (WJBL) (Melanie Paschke/Braunschweig, Bettina Zipp/Schriesheim, Silke Knoll/Dortmund, Silke Lichtenhagen/Leverkusen)
2. Rußland 42,96 (Natalja Anissimowa, Galina Maltschugina, Marina Trandenkowa, Irina Priwalowa)
3. Bulgarien 43,00 (Desislawa Dimitrowa, Anelia Nunewa, Swetla Dimitrowa, Petja Pendarewa)
4. Ukraine 43,61
5. Großbritannien 43,63
6. Niederlande 43,81
7. Finnland 43,96
8. Italien 44,46

400 m

1. Marie-José Pérec (Frankreich) 50,33
2. Swetlana Gontscharenko (Rußland) 51,24
3. Phylis Smith (Großbritannien) 51,30
4. Jelena Andrejewa (Rußland) 51,65
5. Anja Rücker (Jena) 51,85
6. Melanie Neef (Großbritannien) 52,10
7. Daniela Spasowa (Bulgarien) 52,25
8. Francine Landre (Frankreich) 52,57

Im Vorlauf ausgeschieden: Uta Rohländer (Halle) 53,30

4×400 m

1. Frankreich 3:22,34 (Francine Landre, Viviane Dorsile, Evelyne Elien, Marie-José Pérec)
2. Rußland 3:24,06 (Natalja Chrutscheljowa, Jelena Andrejewa, Tatjana Zacharowa, Swetlana Gontscharenko)
3. Deutschland 3:24,10 (Karin Janke/Wolfsburg, Uta Rohländer/Halle, Heike Meissner/Dresden, Anja Rücker/Jena)
4. Großbritannien 3:24,14
5. Tschechische Republik 3:27,95
6. Schweiz 3:28,78
7. Polen 3:29,75
8. Finnland 3:32,97

800 m

1. Ljubow Gurina (Rußland) 1:58,55
2. Natalija Duchnowa (Weißrußland) 1:58,55
3. Ljudmilla Rogatschowa (Rußland) 1:58,69
4. Malgorzata Rydz (Polen) 1:59,12
5. Ann Griffiths (Großbritannien) 1:59,81
6. Carla Sacramento (Portugal) 2:00,01
7. Patricia Djate (Frankreich) 2:00,34
8. Anna Brzewzinska (Polen) 2:00,41

Ausgeschieden im Semifinale: 6. Christine Wachtel (Neubrandenburg) und 8. Kati Kovacs (Berlin)

1500 m

1. Ljudmilla Rogatschowa (Rußland) 4:18,93
2. Kelly Holmes (Großbritannien) 4:19,30
3. Jekaterina Podkopajewa (Rußland) 4:19,37
4. Maite Zuniga (Spanien) 4:19,77
5. Ljubow Kremljowa (Rußland) 4:19,77
6. Malgorzata Rydz (Polen) 4:19,80
7. Carla Sacramento (Portugal) 4:20,62
8. Ellen Kießling (Köln) 4:20,79

Im Vorlauf ausgeschieden: Antje Beggerow (Rostock) 4:13,37; Ellen Kießling 4:09,81

3000 m

1. Sonia O'Sullivan (Irland) 8:31,84
2. Yvonne Murray (Großbritannien) 8:36,48
3. Gabriela Szabo (Rumänien) 8:40,08
4. Olga Schurbanowa (Rußland) 8:40,48
5. Ljudmilla Borisowa (Rußland) 8:41,71
6. Alison Wyeth (Großbritannien) 8:45,76
7. Farida Fates (Frankreich) 8:46,04
8. Nadia Dondolo (Italien) 8:49,42

Im Vorlauf ausgeschieden: 11. Andrea Karhoff (Berlin)

10 000 m

1. Fernanda Ribeiro (Portugal) 31:08,77 (WJBL)
2. Conceicao Ferreira (Portugal) 31:12,82
3. Daria Nauer (Schweiz) 31:35,96

4. Kathrin Weßel (Berlin) 31:38,75
5. Christina Misaros (Rumänien) 31:41,03
6. Maria Guida (Italien) 31:42,14
7. Fernanda Marques (Portugal) 31:53,12
8. Klara Kaschapowa (Rußland) 31:55,99
9. Claudia Lokar (Dortmund) 32:08,74
14. Claudia Metzner (Dortmund) 32:38,11

100 m Hürden

1. Svetla Dimitrowa (Bulgarien) 12,72
2. Julia Graudyn (Rußland) 12,93
3. Jordanka Donkowa (Bulgarien) 12,93

4. Brigita Bukovec (Slowenien) 13,01
5. Tatjana Reschetnikowa (Rußland) 13,06
6. Julie Baumann (Schweiz) 13,10
7. Jackie Agyepong (Großbritannien) 13,17
8. Anne Piquereau (Frankreich) 13,25

Im Semifinale ausgeschieden: 5. Kristin Patzwahl (Berlin) 13,31

400 m Hürden

1. Sally Gunnell (Großbritannien) 53,33 (WJBL)
2. Silvia Rieger (Hinte) 54,68
3. Anna Knoroz (Rußland) 54,68

4. Heike Meissner (Dresden) 54,79
5. Tatjana Kurotschkina (Weißrußland) 55,18
6. Tatjana Tereschtschuk (Ukraine) 55,53
7. Olga Nasarowa (Rußland) 55,98
8. Gowry Retchakan (Großbritannien) 56,05

Im Semifinale ausgeschieden: Gesine Schmidt (Cuxhaven) 56,01

Marathon

1. Manuela Machado (Portugal) 2:29:54
2. Maria Curatolo (Italien) 2:30:33
3. Adriana Barbu (Rumänien) 2:30:55

4. Ornella Ferrara (Italien) 2:31:57
5. Anuta Catuna (Rumänien) 2:32:51
6. Ritva Lemettinen (Finnland) 2:33:05
7. Kirsi Rauta (Finnland) 2:33:32
8. Rosanna Munerotto (Italien) 2:34:32

Kathrin Dörre-Heinig (Fürth) aufgegeben

10 km Gehen

1. Sari Essayah (Finnland) 42:37
2. Anna-Rita Sidoti (Italien) 42:43
3. Jelena Nikolajew (Rußland) 42:43

4. Jelena Arschintsewa (Rußland) 43:23
5. Larisa Ramazanowa (Rußland) 43:25
6. Natalia Misjulja (Weißrußland) 43:39
7. Elisabetta Perrone (Italien) 43:47
8. Susana Feitor (Portugal) 43:47
9. Beate Gummelt (Berlin) 44:09
19. Simone Tust (Berlin) 46:26

Disqualifiziert: Kathrin Boyde (Breisgau)

Hochsprung

1. Britta Bilac (Slowenien) 2,00
2. Jelena Guljajewa (Rußland) 1,96
3. Nele Zilinskiene (Litauen) 1,93

4. Inga Babakowa (Ukraine) 1,93
5. Hanne Haugland (Norwegen) 1,93
6. Heike Balck (Schwerin) 1,93
7. Swetlana Lesewa (Bulgarien) und Jelena Toptschina (Rußland) je 1,90
11. Heike Henkel (Leverkusen) 1,85

Weitsprung

1. Heike Drechsler (Jena) 7,14
2. Inessa Krawets (Ukraine) 6,99
3. Fiona May (Italien) 6,90

4. Renata Nielsen (Dänemark) 6,82
5. Ludmilla Ninowa (Bulgarien) 6,80
6. Agata Karczmarek (Polen) 6,67
7. Irina Muschailowa (Rußland) 6,62
8. Iwa Prandshewa (Bulgarien) 6,56

In der Qualifikation ausgeschieden: Helga Radtke (Fürth) 6,24; Sabine Braun (Wattenscheid) 6,08

Dreisprung

1. Anna Birjukowa (Rußland) 14,89
2. Inna Lasowskaja (Rußland) 14,85
3. Inessa Krawets (Ukraine) 14,67

4. Jolanda Tschen (Rußland) 14,48
5. Rodica Petrescu (Rumänien) 14,42
6. Sarka Kasparkova (Tschechische Republik) 13,98
7. Ramona Molzan (Berlin) 13,82
8. Helga Radtke (Fürth) 13,77

Die zunächst Viertplazierte Bulgarin Sofia Boschanowa (14,58) wurde aufgrund einer positiven Dopingprobe nachträglich disqualifiziert.

Kugelstoßen

1. Wiktoria Pawlysch (Ukraine) 19,61
2. Astrid Kumbernuss (Neubrandenburg) 19,49
3. Swetla Mitkowa (Bulgarien) 19,49

4. Stephanie Storp (Wolfsburg) 19,39
5. Larisa Peleschenko (Rußland) 19,01
6. Kathrin Neimke (Magdeburg) 18,94
7. Walentina Fedjuschina (Ukraine) 18,91
8. Anna Romanowa (Rußland) 18,40

Diskuswerfen

1. Ilke Wyludda (Halle) 68,72
2. Ellina Zwerewa (Weißrußland) 64,46
3. Mette Bergmann (Norwegen) 64,34

4. Nicoleta Grasu (Rumänien) 63,64
5. Olga Tschernjawskaja (Rußland) 62,54
6. Jana Lauren (Berlin) 60,44
7. Marie-Oaule Geldhof (Belgien) 59,48
8. Ljudmilla Filimowa (Weißrußland) 59,46
9. Franka Dietzsch (Neubrandenburg) 59,18

Speerwerfen

1. Trine Hattestad (Norwegen) 68,00
2. Karen Forkel (Halle) 66,10
3. Felicia Tilea (Rumänien) 64,34

4. Silke Gast (Fürth) 62,90
5. Rita Ramanauskaite (Litauen) 61,54
6. Tanja Damaske (Berlin) 61,32
7. Kinga Szigmond (Ungarn) 59,74
8. Antoaneta Selenska (Bulgarien) 57,76

Siebenkampf

1. Sabine Braun (Wattenscheid) 6419 (100 m Hürden: 13,33 Sek./Hoch: 1,84 m/Kugel: 14,02 m/200 m: 24,60 Sek./Weit: 6,32 m/Speer: 48,54 m/ 800 m: 2:20,66 Min.)
2. Rita Inancsi (Ungarn) 6404 (13,80/1,87/14,14/25,05/6,48/46,48/ 2:17,92)
3. Urszula Wlodarczyk (Polen) 6322 (13,26/1,81/13,35/24,25/6,41/42,12/ 2:18,00)

4. Larissa Turtschinskaja Nikitina (Rußland) 6311 (13,62/1,78/15,42/24,70/6,37/44,44/2:21,53)
5. Swetlana Moskalets (Rußland) 6308 (13,37/1,84/12,96/23,77/6,44/37,94/2:16,88)
6. Peggy Beer (Berlin) 6275 (13,48/1,81/13,27/24,79/6,07/49,18/2:16,95)
7. Remigija Nazaroviene (Litauen) 6262 (13,42/1,75/14,11/24,58/6,14/46,64/2:16,66)
8. Tina Rattya (Finnland) 6241 (13,78/1,72/13,58/24,55/6,08/48,60/2:11,01)

Verletzt ausgeschieden: Beatrice Mau-Repnak (Hannover)

MÄNNER

100 m

1. Linford Christie (Großbritannien) 10,14
2. Geir Moen (Norwegen) 10,20
3. Alexander Prochomowski (Rußland) 10,31

4. Oleg Chramarenko (Ukraine) 10,38
5. Daniel Cojocaru (Rumänien) 10,39
6. Marc Blume (Wattenscheid) 10,40
7. Alexandros Terzian (Griechenland) 10,42
8. Jason John (Großbritannien) 10,46

200 m

1. Geir Moen (Norwegen) 20,30
2. Wladislaw Dologodin (Ukraine) 20,47
3. Patrick Stevens (Belgien) 20,68

4. Sergej Osowitsch (Rußland) 20,70
5. Jean-Charles Trouabal (Frankreich) 20,70
6. Andrej Fedorjew (Rußland) 20,78
7. Evgenios Papadopoulos (Griechenland) 20,92
8. David Dolle (Schweiz) 21,10

Ausgeschieden im Zwischenlauf: Michael Huke (Wattenscheid) 21,22; Alexander Lack (Neubrandenburg) 21,40; Björn Sinnhuber (Mannheim) 21,72

4×100 m

1. Frankreich 38,57 (Hermann Lomba, Daniel Sangouma, Jean-Charles Trouabal, Eric Perrot)
2. Ukraine 38,98 (Sergej Osowitsch, Dmitri Wanjaikin, Oleg Chramarenko, Wladislaw Dologodin)
3. Italien 38,99 (Ezio Madonia, Domenico Nettis, Giorgio Marras, Sando Floris)

4. Schweden 39,05
5. Griechenland 39,05
6. Deutschland (Holger Blume, Steffen Görmer, MIchael Huke, Marc Blume/ alle Wattenscheid) 39,36
7. Finnland 39,80

Rußland disqualifiziert

400 m

1. Du'aine Ladejo (Großbritannien) 45,09
2. Roger Black (Großbritannien) 45,20
3. Matthias Rusterholz (Schweiz) 45,96
4. Dmitri Golowastow (Rußland) 46,01
5. Anton Iwanow (Bulgarien) 46,20
6. Michail Wdowin (Rußland) 46,23
7. Stefan Balosak (Slowakei) 46,64
8. Dmitri Kosow (Rußland) 46,69

Ausgeschieden im Semifinale: Daniel Bittner (Leverkusen) 46,44; im Vorlauf: Kai Karsten (Braunschweig) 47,22, Lutz Becker (Mainz) 47,52

4×400 m

1. Großbritannien 2:59,13 (WJBL) (David McKenzie, Brian Whittle, Roger Black, Du'aine Ladejo)
2. Frankreich 3:01,11 (Pierre-Marie Hilaire, Jean-Louis Rapnouil, Jacques Farraudiere, Stephane Diagana)
3. Rußland 3:03,10 (Michail Wdowin, Dmitri Kosow, Dimitri Bey, Dimitri Golowastow)
4. Italien 3:03,46
5. Deutschland (Daniel Bittner/Leverkusen, Kai Karsten/Braunschweig, Lutz Becker/Mainz, Edgar Itt/Gelnhausen) 3:04,15
6. Polen 3:04,22
7. Finnland 3:04,55

(nur sieben Staffeln gemeldet)

800 m

1. Andrea Benvenuti (Italien) 1:46,12
2. Vebjörn Rodal (Norwegen) 1:46,53
3. Tomas De Teresa (Spanien) 1:46,57
4. Nico Motchebon (Berlin) 1:46,65
5. Giuseppe D'Urso (Italien) 1:46,90
6. Craig Winrow (Großbritannien) 1:47,09
7. José Cerezo (Spanien) 1:47,58
8. Atle Douglas (Norwegen) 1:47,90

Ausgeschieden im Vorlauf: Joachim Dehmel (Feuerbach) 1:49,36

1500 m

1. Fermin Cacho (Spanien) 3:35,27
2. Isaac Viciosa (Spanien) 3:36,01
3. Branko Zorko (Kroatien) 3:36,88
4. Eric Debus (Frankreich) 3:37,44
5. Andrej Bulkowski (Ukraine) 3:37,81
6. Manuel Pancorbo (Spanien) 3:38,16
7. Rüdiger Stenzel (Wattenscheid) 3:38,36
8. Abdelkader Chekhemani (Frankreich) 3:38,42

Im Vorlauf ausgeschieden: Titelverteidiger Jens-Peter Herold (Berlin) 3:40,24

5000 m

1. Dieter Baumann (Leverkusen) 13:36,93
2. Rob Denmark (Großbritannien) 13:37,50
3. Abel Anton (Spanien) 13:38,04
4. Abdellah Behar (Frankreich) 13:38,36
5. John Nuttall (Großbritannien) 13:38,65
6. José Carlos Adan (Spanien) 13:39,16
7. Risto Ulmala (Finnland) 13:40,84
8. Anacleto Jimenz (Spanien) 13:41,60
9. Domingos Castro (Portugal) 13:42,09
10. Stephane Franke (Kornwestheim) 13:45,67

10000 m

1. Abel Anton (Spanien) 28:06,03
2. Vincent Rousseau (Belgien) 28:06,63
3. Stephane Franke (Kornwestheim) 28:07,95
4. Robert Stefko (Slowakei) 28:08,02
5. Paulo Guerra (Portugal) 28:10,18
6. João Junqueira (Portugal) 28:10,55
7. Jan Pesava (Tschechische Republik) 28:10,73
8. Carlos de la Torre (Spanien) 28:10,77
10. Stephan Freigang (Cottbus) 28:15,98

Marathon

1. Martin Fiz (Spanien) 2:10:31
2. Diego Garcia (Spanien) 2:10:46
3. Alberto Juzdado (Spanien) 2:11:18
4. Richard Nerurkar (Großbritannien) 2:11:56
5. Luigi Di Lello (Italien) 2:12:41
6. Antonio Rodrigues (Portugal) 2:12:43
7. Manuel Matias (Portugal) 2:12:48
8. Harri Hanninen (Finnland) 2:13:21
14. Konrad Dobler (Germaringen) 2:14:28
15. Kurt Stenzel (Fürth) 2:14:34
19. Rainer Wachenbrunner (Berlin) 2:15:11
34. Carsten Eich (Leipzig) 2:17:54
44. Uwe Honsdorf (Koblenz) 2:21:22
53. Hans-Bernd Bürger (Euskirchen) 2:24:35

110 m Hürden

1. Colin Jackson (Großbritannien) 13,08
2. Florian Schwarthoff (Heppenheim) 13,16
3. Tony Jarrett (Großbritannien) 13,23
4. Claude Edorh (Köln) 13,41
5. Mike Fenner (Berlin) 13,53
6. Antti Haarpakoski (Finnland) 13,54
7. Dan Philibert (Frankreich) 13,54
8. Georghe Boroi (Rumänien) 13,61

400 m Hürden

1. Oleg Twerdochleb (Ukraine) 48,06
2. Sven Nylander (Schweden) 48,22
3. Stephane Diagana (Frankreich) 48,23
4. Pedro Rodrigues (Portugal) 48,77
5. Edgar Itt (Gelnhausen) 49,11
6. Peter Crampton (Großbritannien) 49,45
7. Vadim Sadynow (Moldawien) 49,50
8. Gary Cadogan (Großbritannien) 49,53

Ausgeschieden im Semifinale: Michael Kaul (Mainz) 51,30; im Vorlauf: Helge Bormann (Hamburg) 51,49

3000 m Hindernis

1. Alessandro Lambruschini (Italien) 8:22,40
2. Angelo Carosi (Italien) 8:23,53
3. William van Dijck (Belgien) 8:24,86
4. Mark Rowland (Großbritannien) 8:26,00
5. Wladimir Pronin (Rußland) 8:26,33
6. Martin Strege (Erfurt) 8:26,36
7. Jim Svenoy (Norwegen) 8:28,12
8. Francesco Panetta (Italien) 8:28,25
9. Kim Bauermeister (Filder) 8:32,58

20 km Gehen

1. Michail Schtschennikow (Rußland) 1:18:45
2. Jewgeni Misjulja (Weißrußland) 1:19:22
3. Valentin Massana (Spanien) 1:20:33
4. Giovanni de Bendictis (Italien) 1:20:39
5. Michail Orlow (Rußland) 1:21:01
6. Giovanni Pericelli (Italien) 1:21:51
7. Igor Kollar (Slowakei) 1:22:23
8. Sandor Urbanik (Ungarn) 1:22:49

Ausgeschieden: Roland Weigel (Berlin)

50 km Gehen

1. Waleri Spitsyn (Rußland) 3:41:07
2. Thierry Toutain (Frankreich) 3:43:52
3. Giovanni Perricelli (Italien) 3:43:55
4. Jesus Angel Garcia (Spanien) 3:45:25
5. Robert Korzeniowski (Polen) 3:45:57
6. German Skurygin (Rußland) 3:46:30
7. Valentin Kononen (Finnland) 3:47:14
8. Andrej Plotnikow (Rußland) 3:47:43
10. Axel Noack (Berlin) 3:50:32

Ausgeschieden: Robert Ihly (Offenburg) und Thomas Wallstab (Erfurt)

Hochsprung

1. Steinar Hoen (Norwegen) 2,35
2. Artur Partyka (Polen) 2,33
   Steve Smith (Großbritannien) 2,33
4. Hakon Saernblom (Norwegen) 2,31
5. Jaroslaw Katewicz (Polen) und Dragutin Topic (Unabhängiger Teilnehmer/Rest-Jugoslawien) je 2,31
7. Leonid Pumalainen (Rußland) 2,28
8. Lambros Papakostas (Griechenland) 2,28
12. Ralf Sonn (Weinheim) 2,25
13. Wolfgang Kreißig (Mannheim) 2,20

In der Qualifikation ausgeschieden: 23. Kristof Lamos (Frankfurt/2,15)

Stabhochsprung

1. Rodion Gataullin (Rußland) 6,00
2. Igor Trandenkow (Rußland) 5,90
3. Jean Galfione (Frankreich) 5,85
4. Phillippe Collet (Frankreich) 5,80
5. Denis Petuschinski (Rußland) 5,80
6. Andrej Tiwontschik (Zweibrücken) 5,70
7. Jewgenis Krasnow (Israel) 5,70
8. Waleri Bukrejew (Estland) 5,70

Ausgeschieden in der Qualifikation: Tim Lobinger (Leverkusen) 5,40; Martin Ammann (Stuttgart) ohne Anfangshöhe

Weitsprung

1. Ivailo Mladenow (Bulgarien) 8,09
2. Milan Gombala (Tschechische Republik) 8,04
3. Konstandinos Koukodimos (Griechenland) 8,01
4. Bogdan Tudor (Rumänien) 7,99
5. Dimitri Bogrianow (Rußland) 7,96
6. Stanislav Tarasenko (Rußland) 7,93
7. Witali Kirilenko (Ukraine) 7,92
8. Erik Nijs (Belgien) 7,89
12. Georg Ackermann (Heppenheim) 7,70

Ausgeschieden in der Qualifikation: 20. Christian Thomas (Heppenheim) 7,66; 23. Dietmar Haaf (Kornwestheim) 7,55

Dreisprung

1. Denis Kapustin (Rußland) 17,62 (WJBL)
2. Serge Helan (Frankreich) 17,55

3. Maris Bruziks (Lettland) 17,20
4. Wassili Sokow (Rußland) 16,97
5. Gennadi Markow (Rußland) 16,89
6. Jonathan Edwards (Großbritannien) 16,85
7. Georges Sainte-Rose (Frankreich) 16,59
8. Audrius Raizgys (Litauen) 16,59

Ausgeschieden in der Qualifikation: Volker Mai (Neubrandenburg) 16,22

Kugelstoßen

1. Alexander Klimenkow (Ukraine) 20,78
2. Alexander Bagatsch (Ukraine) 20,34
3. Roman Wirastjuk (Ukraine) 19,59
4. Mika Halvari (Finnland) 19,52
5. Markus Koistinen (Finnland) 19,51
6. Dragan Peric (Rest-Jugoslawien) 19,40
7. Petur Gudmundson (Island) 19,34
8. Paolo Dal Soglio (Italien) 19,15
9. Thorsten Herbrand (Leverkusen) 19,10

Ausgeschieden in der Qualifikation: Oliver-Sven Buder (Wattenscheid) 18,41 und Jonny Reinhardt (Wattenscheid) 18,33

Diskuswerfen

1. Wladimir Dubrowoohtcchik (Weißrußland) 64,78
2. Dmitri Schewtschenko (Rußland) 64,56
3. Jürgen Schult (Schwerin) 64,18
4. Nick Sweeney (Irland) 63,76
5. Attila Horvath (Ungarn) 63,60
6. Wladimir Sintschenko (Ukraine) 63,60
7. Svein Inge Valvik (Norwegen) 62,02
8. Costel Grasu (Rumänien) 61,40
10. Andreas Seelig (Mainz) 59,26

Wegen Verletzung nicht angetreten: Lars Riedel (Chemnitz)

Hammerwerfen

1. Wassili Sidorenko (Rußland) 81,10
2. Igor Astapkowitsch (Weißrußland) 80,40
3. Heinz Weis (Leverkusen) 78,48
4. Igor Nikulin (Rußland) 78,38
5. Tibor Gecsek (Ungarn) 77,62
6. Andrej Skwaruk (Ukraine) 76,08
7. Christophe Epalle (Frankreich) 75,22
8. Wadim Kolesnik (Ukraine) 75,22
10. Karsten Kobs (Dortmund) 74,40

In der Qualifikation ausgeschieden: Claus Dethloff (Leverkusen) 72,08

Speerwerfen

1. Steve Backley (Großbritannien) 85,20
2. Seppo Räty (Finnland) 82,90
3. Jan Zelezny (Tschechische Republik) 82,58
4. Patrik Boden (Schweden) 81,34
5. Raymond Hecht (Wattenscheid) 81,18
6. Michael Hill (Großbritannien) 80,66
7. Terry McHugh (Irland) 80,46
8. Wladimir Sassimowitsch (Weißrußland) 78,88
11. Boris Henry (Ludweiler) 76,88

In der Qualifikation ausgeschieden: Peter Blank (Mainz) 74,88

Zehnkampf

1. Alain Blondel (Frankreich) 8452 (100 m: 11,12 Sek./Weit: 7,50 m/ Kugel: 13,78 m/Hoch: 1,99 m/400 m: 48,91 Sek./110 m Hürden: 14,18 Sek./Diskus: 45,08 m/Stabhoch: 5,40 m/Speer: 60,64 m/ 1500 m: 4:20,48 Min.)
2. Henrik Dagard (Schweden) 8362 (10,69/7,45/14,93/1,93/46,71/14,15/ 44,36/4,80/62,62/4:40,49)
3. Lew Lobodin (Ukraine) 8201 (10,86/7,30/15,34/1,99/48,78/14,31/ 45,50/5,00/50,14/4:31,80)
4. Christian Plaziat (Frankreich) 8127 (11,05/7,66/14,30/1,96/49,08/14,18/42,80/4,80/ 56,70/4:33,72)
5. Stefan Schmid (Karlstadt) 8109 (10,87/7,43/13,49/1,96/48,99/14,72/41,34/4,70/ 64,88/4:26,51)
6. Sandor Munkacsi (Ungarn) 8071 (11,14/7,65/13,02/1,93/48,38/14,24/42,00/4,70/ 56,94/4:20,27)
7. Tomas Dvorak (Tschechische Republik) 8065 (10,93/7,69/14,55/2,02/48,94/14,25/42,84/4,00/ 59,54/4:29,69)
13. Dirk-Achim Pajonk (Leverkusen) 7746 (10,93/7,23/14,01/1,96/49,72/15,08/41,28/4,40/ 52,28/4:22,68)

Thorsten Dauth (Heppenheim) nach dem Hochsprung verletzt ausgeschieden

WR = Weltrekord, ER = Europarekord, LR = Landesrekord, WJBL = Jahresweltbestleistung

Der Medaillenspiegel der Leichtathletik-EM

(44 Entscheidungen)*

	Gold	Silber	Bronze
1. Rußland	10	8	7
2. Großbritannien	6	5	2
3. Deutschland	5	4	5
4. Frankreich	4	3	2
5. Ukraine	3	6	3
6. Spanien	3	2	4
7. Norwegen	3	2	1
8. Italien	2	3	3
9. Portugal	2	1	0
10. Bulgarien	2	0	3
11. Weißrußland	1	4	0
12. Finnland	1	1	0
13. Irland	1	0	0
Slowenien	1	0	0
15. Schweden	0	2	0
16. Belgien	0	1	2
17. Polen	0	1	1
Tschech. Republik	0	1	1
19. Ungarn	0	1	0
20. Rumänien	0	0	3
21. Schweiz	0	0	2
22. Kroatien	0	0	1
Griechenland	0	0	1
Lettland	0	0	1
Litauen	0	0	1

* Im Hochsprung der Männer wurde zweimal Silber und keine Bronzemedaille vergeben.

Die Leichtathletik-Europameister des Jahres 1994

Frauen

100 m	Irina Priwalowa (Rußland)	11,02 s
200 m	Irina Priwalowa (Rußland)	22,32 s
4×100 m	Deutschland	42,90 s
400 m	Marie José Pérec (Frankreich)	50,33 s
4×400 m	Frankreich	3:22,34 min
800 m	Ljubow Gurina (Rußland)	1:58,55 min
1500 m	Ljudmilla Rogatschowa (Rußland)	4:18,93 min
3000 m	Sonia O'Sullivan (Irland)	8:31,84 min
10000 m	Fernanda Ribeiro (Portugal)	31:12,82 min
Marathon	Manuela Machado (Portugal)	2:29:54 Std.
100 m Hürden	Svetla Dimitrowa (Bulgarien)	12,72 s
400 m Hürden	Sally Gunnell (Großbritannien)	53,33 s
10 km Gehen	Sari Essayah (Finnland)	42:37 min
Hochsprung	Britta Bilac (Slowenien)	2,00 m
Weitsprung	Heike Drechsler (Jena)	7,14 m
Dreisprung	Anna Birjukowa (Rußland)	14,89 m
Kugelstoßen	Wiktoria Pawlysch (Ukraine)	19,61 m
Diskuswerfen	Ilke Wyludda (Halle)	68,72 m
Speerwerfen	Trine Hattestad (Norwegen)	68,00 m
Siebenkampf	Sabine Braun (Wattenscheid)	6419 Pkt.

Männer

100 m	Linford Christie (Großbritannien)	10,14 s
200 m	Geir Moen (Norwegen)	20,30 s
4×100 m	Frankreich	38,57 s
400 m	Du'aine Ladejo (Großbritannien)	45,09 s
4×400 m	Großbritannien	2:59,13 min
800 m	Andrea Benvenuti (Italien)	1:46,53 min
1500 m	Fermin Cacho (Spanien)	3:35,27 min
5000 m	Dieter Baumann (Leverkusen)	13:36,93 min
10000 m	Abel Anton (Spanien)	28:06,03 min
Marathon	Martin Fiz (Spanien)	2:10:31 Std.
110 m Hürden	Colin Jackson (Großbritannien)	13,08 s
400 m Hürden	Oleg Twerdochleb (Ukraine)	48,06 s
3000 m Hindernis	Alessandro Lambruschini (Italien)	8:22,40 min
20 km Gehen	Michail Schtschennikow (Rußland)	1:18:45 Std.
50 km Gehen	Waleri Spitsyn (Rußland)	3:41:07 Std.
Hochsprung	Steinar Hoen (Norwegen)	2,35 m
Stabhochsprung	Rodion Gataullin (Rußland)	6,00 m
Weitsprung	Ivailo Mladenow (Bulgarien)	8,09 m
Dreisprung	Denis Kapustin (Rußland)	17,62 m
Kugelstoßen	Alexander Klimenkow (Ukraine)	20,78 m
Diskuswerfen	Wladimir Dubrowschtschik (Weißrußland)	64,78 m
Hammerwerfen	Wassili Sidorenko (Rußland)	81,10 m
Speerwerfen	Steve Backley (Großbritannien)	85,20 m
Zehnkampf	Alain Blondel (Frankreich)	8452 Pkt.